公的統計のミクロデータ利用ガイド
― 社会生活基本調査の匿名データを用いた分析を例として ―

は　じ　め　に

　本書は、公的統計のミクロデータを利用するための入門書（利用マニュアル）である。

　公的統計とは、国や地方公共団体などの公的機関が作成する統計のことである。公的機関が作成する統計は、これまで昭和22年に制定された統計法に基づいて作成されてきたが、統計法が平成19年5月に改正（平成19年法律第53号）され、平成21年4月に全面施行されたことにより、公的統計は行政のためだけのものではなく、社会全体で利用される情報基盤であると位置づけられ、統計情報を広く国民が利用できるような統計制度が整備されてきた。

　中でも、学術研究・高等教育の発展に資するなど公益を目的とした利用に限り、利用者からの委託に応じて、公的統計の作成機関が既存の調査票情報（個々の調査票のデータのことであり、一般にミクロデータという）から新たな集計表を作成・提供したり、匿名性を確保した調査票情報を提供するなど、調査票情報の二次的な利用の仕組みが整備されつつある。特に、後者の調査票情報の提供に関しては、匿名化されたミクロデータ（統計法では匿名データという）を利用して、我が国の社会・経済状況の実態に関する多様かつ高度な分析・研究が促進されることが期待されている。

　しかしながら、公的統計の二次利用制度について、また、公的統計のミクロデータを利用するための手続きについて、統計ユーザの間で幅広く知られているとは言い難いというのが現状である。そこで当財団では、統計ユーザと公的統計の作成機関との橋渡しという役割を担うべく、公的統計の二次利用制度について研究するとともに、匿名データ利用の促進を目指して、利用マニュアルを作成することとした。

　そこで我々は、実際に匿名データの利用申請によりデータ提供を受け、匿名データの分析・研究を行った。この実践経験をとおして、ユーザの視点からミクロデータを利用するための手順やポイントを確認するとともに、匿名データの分析により、より詳細で新しい視点からの分析の可能性を提示している点が本書の大きな特徴である。今後も読者（ユーザ）の声に耳を傾け、公的統計の二次利用制度の充実に合わせて、マニュアルの改善・充実を図っていく予定である。

　なお、本書の読者としては、統計学に関する基礎的な知識があることを前提として、これまで何らかのミクロデータを使った分析経験があり、これから匿名データを用い

て分析しようと考えている方々を念頭に置いている。実際に匿名データを利用する際に、本書が活用されることを期待している。

　最後になるが、本マニュアルの刊行に際しては、当財団の自主研究会『二次利用促進研究会』の委員の先生方には多大なるご尽力を頂いた。心より感謝申し上げる。

平成 27 年 3 月
公益財団法人　統計情報研究開発センター

理　事　長　　伊　藤　彰　彦

目次

導入部　二次利用ってどうするの？ 1
　二次利用制度を利用した研究の流れ

第1部　二次利用制度の解説及び手続きの進め方 13
　1　公的統計の二次利用と法律 14
　2　利用の条件・種類 21
　3　手続きの概要 25

第2部　匿名データの使い方 29
　1　データの特徴、説明書の読み方 30
　2　データ形式、統計分析アプリケーション 37
　3　分析事例 53

第3部　その他の二次利用 65
　1　オーダーメード集計 66
　2　33条申請 70

参考資料
　匿名データ及びオーダーメード集計が利用できる統計一覧 .... 参考－2
　匿名データ利用相談窓口一覧 .... 参考－8
　匿名データを使用した分析例
　　（1）高齢者の年齢3階級別行動分析 .... 参考－10
　　（2）種目ごとの平均行動日数の比較 .... 参考－17
　　（3）家事・育児に費やす時間の分析 .... 参考－23
　　（4）趣味・娯楽への生活時間配分の分析（その1） .... 参考－32
　　（5）趣味・娯楽への生活時間配分の分析（その2） .... 参考－42

＜二次利用促進研究会　委員一覧＞
　　　廣松　毅（情報セキュリティ大学院大学　情報セキュリティ研究科　教授）
　　　美添　泰人（青山学院大学　経済学部　教授）
　　　舟岡　史雄（信州大学　名誉教授）
　　　松井　博（元・統計センター　研究センター長）
　　　山口　幸三（元・（独）統計センター　情報技術部長）
　　　小林　良行（元・総務省統計研修所次長）

＜執筆者一覧＞
　　　村田　磨理子（（公財）統計情報研究開発センター　主任研究員）
　　　坂部　裕美子（（公財）統計情報研究開発センター　研究員）
　　　政金　華津子（（公財）統計情報研究開発センター　研究員）
　　　古市　耕一郎（総務省統計局統計調査部経済統計課主査、
　　　　　　　　　　前・（公財）統計情報研究開発センター　研究員）

（注）分析事例中の画像表示例は 2015 年 1 月時点のものであり、現在の Web 表示と一致しない場合がある。

導入部　二次利用ってどうするの？

二次利用制度を活用した研究の流れ

まずは公表値の確認から

A：先生、自分で統計データを探すのは初めてで分からないことがたくさんあるので、いろいろ教えてください。

Z：何でも聞きたまえ。Aくん、君が今興味を持っているテーマは何だったかな。

A：私のお母さんは、歌舞伎や宝塚などのお芝居を月に一度は見ています。私もお母さんのような趣味を謳歌する生活に憧れるのですが、こういう生活をしている人は多いのでしょうか？

Z：それなら、総務省統計局が実施している、国民の時間の過ごし方や活動状況を調査した「社会生活基本調査」という統計がある。例として最新の調査である 2011 年（元号表記では平成 23 年）の集計結果を、統計局のホームページ（以下ＨＰと表記）で見てみよう。Aくんの知りたい集計結果なら、「調査の結果 統計表一覧」のページに記載されている、「調査票Aに基づく結果」の「生活行動編」にありそうだ。

A：「生活行動編」の「趣味・娯楽」の「全国」を見ればいいんですね。

　…うわあ、たくさんある。

Z：ここでは、趣味・娯楽の行動パターンについて、「結婚している、していない」「働いている、いない」などの様々な個人の属性ごとにまとめてあるんだ。ただし、結婚しているかどうかは「配偶関係」、勤務状態は「ふだんの就業状態」という名称の集計区分で表しているよ。

A：統計調査の報告書では、あまり普段聞かないような、専門的な表現を使うんですね。その表現で言うと、うちのお母さんは、性別は「女性」、年齢階級は「50～54 歳」、配偶関係は「有配偶」です。

Z：では、まず、お母さんと同じ属性に該当する人で、お芝居をこの１年間に「見た」と回答した人が何％いるかを見ておこう。ちなみに、一切属性区分を行わない、国民全体の「演芸・演劇・舞踊鑑賞（テレビ・ＤＶＤなどは除く）」の行動者率は 11.7％だ。

A：例えば 46-2 表「ふだんの就業状態，男女，配偶関係，年齢，趣味・娯楽の種類別行動者率（15 歳以上）」を見ると、「女性・

社会生活基本調査：
詳しくは統計局HPの

| 12 社会生活基本調査 |

をクリック！

「生活行動編(全国)／趣味・娯楽」のHP表示。一度に47表分表示される。

国民全体の行動者率：
「結果の概要」に掲載されている「主要統計表」で確認できる。

有配偶・50～54歳」の「演芸・演劇・舞踊鑑賞（テレビ・ＤＶＤなどは除く）」の行動者率は19.3％です。

Z：国民全体の行動者率より高い、ということは、Ａくんの言う「お母さんのような人」は、もともとお芝居を見に行く人が多い層のようだね。

A：さらに、同じ年齢層の行動者率を、就業状態別でも比較できるようです。お母さんは働いていないので「無業」の方だから、行動者率は16.5％。有業者だと20.3％なので、仕事を持っている人の方が高いんですね。
…あっ、別の41-2表を見ると、「就業状態」って、単に有業か無業かだけではなく、「家事などのかたわらに仕事」とか、もっと細かい分類がありますね。

Z：さっきの「就業状態」や「配偶関係」も含め、「用語の解説」を見れば、個々の用語ごとに具体的な分類内容の説明が出ているよ。

A：こんなにいろいろな、個人や世帯の属性で集計したものが公表されているんですね。でも、集計区分ごとに統計表がたくさんありすぎて、どの表を見ればよいか迷っちゃいますね。

Z：そんな時は、「集計事項一覧」や「分類事項一覧」で確認してごらん。

A：これがあれば一目瞭然ですね。

用語の解説：
属性や集計項目の定義を説明したもの。同一の調査でも集計事項は調査年次ごとに改訂されるので、調査結果を使用する前に必ず一読しておく。

集計事項一覧・分類事項一覧：
HPおよび報告書に掲載されている。

e-Statも便利！

A：ところで先生、これの10年前の調査になる2001年の「統計表一覧」にある、「生活行動編」の「趣味・娯楽」の集計事項一覧を見ると、「夫が有業で妻が無業の世帯の妻」を集計対象とした表があるみたいですね。お母さんはまさにここに該当するから、この集計結果の比較にはとても興味があるのに、統計局ＨＰで2011年の「統計表一覧」の集計事項一覧を見ると、「夫が有業で妻が無業の世帯の妻」を集計対象にした表がないようです。

Z：本当にそうかな？分類事項の一つの区分として表されていることもある。こういう場合には、e-Statのキーワード検索機能が

e-Stat：
統計局HPトップページの右上などにある

をクリック！

便利だ。「夫が有業」、「妻が無業」をAND検索で試してごらん。

A：あっ、たしかに2011年の社会生活基本調査もヒットしますね。検索結果の中から、趣味・娯楽の行動者率に関する表で最初に出てくる52-2表「世帯の家族類型，ふだんの就業状態，共働きか否か，自家用車の有無・世帯の年間収入，仕事からの個人の年間収入・収益，趣味・娯楽の種類別行動者率（夫・妻）」をみると、「共働きか否か」の1つの区分として「夫が有業で妻が無業」があるんですね。

Z：そのとおり。集計項目は毎回変わっているから、自分の興味のある集計結果を探すには工夫が必要だ。君たちの得意な検索を駆使してもいいが、これまでに刊行されている紙の報告書を最初から最後までじっくり読んでみるのも、調査の枠組みの勉強になるぞ。

A：はあ。ところで、ならば同じ条件で「共働きの世帯の妻」との行動パターンの比較をしようと思って、とりあえず検索すると、こんどは2001年には「共働きの世帯の妻」の趣味・娯楽に関する集計が見つかりません。調査票には続き柄やふだんの仕事の質問があり、「夫が有業で妻が無業の世帯の妻」が区分できるのだから、「共働きの世帯の妻」も集計すれば結果は出せるはずなのに。

> 調査に使用した調査票は、報告書やHPで閲覧できる。社会生活基本調査などの周期調査は、調査票も調査年次ごとに改訂される。

公表結果以外の集計値が知りたい…

Z：いいところに気がついたね。以前は、研究したいからといっても、報告書に記載されていないクロスの集計を独自に行うことは事実上できなかったのだが、今はいわゆる「二次利用」の制度があるから、利用申請が認められれば、報告書の掲載内容にとらわれない集計の結果を知ることができるんだよ。

A：「二次利用」ですね…統計局のHPでちょっと調べてみます。

> 公的統計の二次利用：統計局HPトップページにある、こちらのリンクも参照。
>
> ● 二次的利用をしたい方へ

Z：この制度の開始は、「統計法の改正」が大きな契機になっている。それまでは利用が難しかった公的機関の所有する統計調査データが、所定の申請手続きを経れば一定の条件下で利用できるようになったんだ。

A：「二次利用」を申請すれば、結果を何に使ってもいいんですか？

> 二次利用の法制度的な背景は、第1部＜1. 公的統計の二次利用と法律＞で詳しく説明する。

だったら、お父さんが、自分の会社の顧客ターゲット層の行動パターンを知りたがっているから、いいのがあるよって教えてあげようかな。
Z：ダメダメ。二次利用は、営利目的では申請できないことになっている。二次利用申請に際しては、その研究を行うことの社会的な有用性を説明し、さらに集計結果（大学等における「高等教育目的」申請の場合は、教育内容）を公表する必要があるんだ。それから、統計法で、提供されたデータの厳重な管理と守秘義務が課されている。申請した保管場所以外にデータをこっそり持ち出して、お父さんにデータをまた貸しするなんていうのも厳禁だぞ。
A：わかりました！えーと、元の話題に戻って、と…。今、「提供されたデータ」って言葉がありましたけど、二次利用っていうのは、「データを借りて自分で集計する制度」ってことですか？
Z：すぐに利用できる二次利用制度には、データの貸与を受けて自分で集計する方式と、集計を依頼して集計結果だけをもらえる方式がある。前者を「匿名データの提供／利用」、後者を「オーダーメード集計」と呼んでいるよ。それぞれで、利用できる調査、集計対象となるデータや集計事項の範囲、申請の時点での準備内容などに違いがあるから、よく確認しておいて。
A：最新の情報を調べてみたところでは、使いたい「社会生活基本調査」はどちらの方式でも利用できるようですが、せっかく先生がいるのだし、自分で自由にデータを集計できる「匿名データの利用」を申請してみようと思います。
Z：いい心がけだね。ただし、社会生活基本調査の匿名データについては、全体から約8割をリサンプリングした上で、一部加工したものが提供される。つまり、分析に使えるのはオリジナルの調査票情報全部ではない、ということに注意が必要だぞ。
A：ということは、借り受けたデータを使って報告書と同じ内容の集計をしても、報告書の掲載値とは異なる可能性がありますね。
Z：そうなんだ。しかし、リサンプリングされているとは言っても、収録レコード数は十分に大きいから、この匿名データを使用しての分析結果の安定性は担保されていると考えられているよ。

> 二次利用制度全般については、この2つ以外の制度も含めて第1部で詳しく説明する。

> 申請に際しての留意点は、第2部＜3.手続きの概要＞で詳しく説明する。

> 集計計画作成に際しての留意点は、第2部＜1.データの特徴、説明書の読み方＞で詳しく説明する。

> 本書では2001年調査の匿名データ利用を例として記述しているが、現在は2006年調査の匿名データも利用できる。

A：それに、こんなにたくさんの結果レコードデータを分析に使える機会は他にありませんよね。先生、私、やります。

Z：では統計センターのＨＰの「匿名データの利用」のページから、具体的な申請方法を確認してみよう。申請は「利用申出書」の記入・提出（＝利用申出）から始まるんだ。申請手続きの具体的な内容は必要に応じて改定されるから、申請に当たっては必ず最新のＨＰ情報を確認する必要があるぞ。

A：書くところがたくさんあるのは「匿名データの提供依頼申出書」だけですね。でも、「２　匿名データの利用目的等」の中にある「作成する統計等の内容」なんて、今はまだ全部決められないです。

Z：大まかな計画だけで十分だよ。ただ、調査項目の記載内容やデータ公開のレベルを超えた集計はできないから、不安があったら統計センターや、提携しているサテライト機関の窓口に質問して確認するといい。それから、二次利用についての説明会が開催されることもあるから、ＨＰなどでイベント情報を確認して、参加してみるといろいろ勉強になるぞ。

A：では、「主婦の趣味活動と世帯属性の関連について」という研究名称で、社会生活基本調査・生活行動編の2001年調査の匿名データ利用を申請します。データ使用期間は、他の研究活動との兼ね合いも考えて、余裕を見て１年間にします。先生にいろいろとご指導いただかなければならないので、先生も一緒に利用者になっていただいていいですか。

Z：いいだろう。研究の名称に「世帯属性」と入れたからといって、就業関連の項目を使った分析が行えない、ということはないのだから、１年の間にデータを使ってどんどん分析してみたらいい。さらに匿名データは集計されたものではなく、ひとりひとりの回答のミクロデータだから、クロス集計だけでなく、回帰分析もできるぞ。

A：よーし、これを書き上げてすぐに提出します。そして、来週から分析開始だ！

Z：残念だがそれは無理だな。初めて匿名データを使う際には、必ず一度、統計センターかサテライト機関の窓口で、口頭で説明を受ける必要がある。その時に仮の申出書を提出して事前審査を受けることになるが、最初の申請内容でそのまま提出が認め

られたという例は、実際にはほとんどないようだ。そこで、事前審査での指摘に基づいて申出書の内容を加筆修正して再提出、承諾通知が届いてから手数料の納付、誓約書の提出…という手続きを経て、実際にデータが手元に来るまでの期間としては、仮の申出書の提出から1か月は見込んでおいて欲しい、とセンターでは言っている。

A：そんなにかかるんですか！

Z：なあに、1か月なんてあっという間だよ。さあ、ページをめくってごらん。

データ受領！いざ集計

A：先生、匿名データが届きました。

Z：データを受け取ったら、申請した内容と受け取ったデータに違いがないこと、データがちゃんとパソコン（以下PCと表記）で読めること、データが過不足なく収録されていることをまず確認する必要があるぞ。

A：あらかじめ連絡されていたデータ閲覧用パスワードもちゃんと保管してありますから、問題なく読み込めると思います。じゃあ早速データを開いてみようっと。

Z：おっと、その前に、PCはオフラインにしてあるかい？利用規約にあっただろう。

A：あっ、そうでした。オンラインでデータを使っちゃいけないんですよね。

Z：ネットワークのセキュリティ確保技術は日々進化しているけれど、貴重なデータを扱うんだから、常に万一の事態を考えなくちゃいけないぞ。

A：はい、LANケーブルを抜きました。データはcsv形式だから、Excelで扱えますね。ファイルを「開く」、と…。

Z：Excelを使うなら2007以降でないとデータは開けないぞ。それでも重い、と感じるようなら、大量データ解析向きの統計ソフトを使うと、そのソフトに即した形式で一度読み込んでしまえば、その後の処理がぐっと楽になる。

A：SASとかSPSSとかRとかですよね。これの操作ももっと勉強しなきゃいけないなあ。

Z：匿名データは、データ1行目に項目名が入っていない状態で提供されるから、まず変数名をつけ、入力形式を指定するところから始めよう。統計センターＨＰに掲載されている「データレイアウト及び符号表」の内容や「項目名一覧」を利用して処理してごらん。「V」の含まれるデータは必ず文字で読み込むように指定しないとエラーになるぞ。

A：先生、符号表にある「階層」「繰返し」の意味が全く分かりません。念のため表の末尾も見ましたが、説明は特に書かれていないようです。

Z：符号表は「政府統計個票データレイアウト標準記法」に基づい

---

csv形式：
通常はデータ数値と「,」（カンマ）だけで構成されるものをいうが、匿名データの場合、既定の桁数に満たないデータにはスペースが補足されている。データ形式の説明は第2部参照。

符号表の読み方は、第2部＜1 データの特徴、説明書の読み方＞で詳述する。

て作成されているから、本当はこれを読めばいいんだが、初心者には分かりづらいぞ。データ構造は「レイアウト」のシートを見た方がイメージしやすいだろう。

レイアウト：
主にテキスト形式データ読み込みの際に必要な情報が記載されているが、匿名データの構造解読にも使用できる。

基礎データを集計しよう

A：プログラムの練習も兼ねて、まず人数の総数を出してみますね。あれ？よく考えたら、ちょっと気になることがあります。2001年生活行動編の匿名データは約14万レコードですが、これまで見てきた統計表の数値は10歳以上人口が113,095千人とかなんですけど。

Z：おいおい、社会生活基本調査は全数調査ではなくて標本調査だ。統計局ＨＰの「標本設計及び結果の推定方法」の説明を読んでごらん。

A：……難しいですね。えーと、要するに、集計用乗率を使って比推定で算出しているんですね。匿名データの符号表を見ると、「人口乗率」が集計用乗率なのかな。

Z：そのとおり。ただし、匿名データを使う上で、気を付けなければいけないことがいくつかある。まず、集計するときには、人口乗率は10万倍値なので、値を100,000分の1倍にしてから使うんだぞ。さらに重要なのは、匿名データは元の調査票情報の約8割から作られているので、人口乗率を使って集計した人数の総数も元の総数の約8割になっている、ということだ。他にも、公表されている結果は表によって2種類の乗率を使い分けているなどあるが、また別の機会にしよう。

比推定：
実際に調査票を集計して得られた調査結果を、別の調査での類似項目の構成比などを補助的に使用して、より精度を高めた値に推定する方法。

いよいよメインの集計開始

A：それではお目当ての「共働きの世帯の妻」の演劇鑑賞の行動者率を集計します。該当する世帯を抽出しなきゃ。

Z：「共働きか否か」という項目があるから、ここの区分ごとに男女の別が「02」（女）のものを選び出せば、「共働きの世帯の妻」も「夫が有業で妻が無業の世帯の妻」も抽出できる。ただし、「共働きの妻」の集計値として、符号「1」（夫が有業で妻も有業の世帯）のデータだけを集計した値を使ってはいけないよ。「2」（う

「共働きか否か」：
項目番号69。

ち，共に雇用されている世帯）「3」（妻が35時間未満）「4」（妻が35時間以上）は、共働き世帯であり、なおかつその条件にも該当する人のことだから、「共働き全体」をまとめるにはそのすべてを足し上げなければならない。

A：じゃあ、「共働き」全体を区別する変数を別に作って演劇鑑賞率を集計します。
　…あ、共働き世帯の妻の行動者率は23.6%で、夫有業・妻無業の世帯の妻は21.7%になりました。仕事をしていない人の方が時間的には余裕がありそうなのに、共働きの妻の方が行動者率が高いんですね。でも、観劇するには実際に劇場まで足を運ぶ必要がある、ということを考えると、就業状態ではなく、子供の有無の影響が大きいかも知れない、と思えてきました。「専業主婦」って、手のかかる小さなお子さんを抱えていそうなイメージもあります。

Z：その家に小さい子供がいるかどうかは、世帯情報の「末子」に関する項目を使えばだいたい分かるが、具体的な調査内容は年次によって違いがあるから注意が必要だな。10歳以上（1991年は15歳以上）の子供なら調査対象者に含まれるので、世帯一連番号が同じで年齢が「01」（10～14歳）「02」（15～19歳）辺りの世帯員の有無を見ることでも確認できる。

A：演劇鑑賞は時間が長くかかるし、あまり小さな子供は連れて行くこともできないから、末子が小学生以下かどうかで違いを比べてみようと思います。

Z：それなら2001年調査では「末子の教育」という集計事項が使えるが、小学生以下を全部まとめるのなら、ここでもさっきと同様に新しく符号を付け直す必要があるな。その前に、この分析での比較対象は「中学生以上の子供がいる女性」かい？それとも子供のいない世帯も含めて「小学生以下の子供はいない女性」かい？

> 「末子の教育」：
> 項目番号70。

A：そうか、そういう分析目標をあらかじめきちんと決めておかないと、新しい符号の付け方も違ってきますね。そうだなあ…小学生以下の子供がいない女性全般と比較してみます。
　…やはり、小学生以下の子供がいる女性の行動者率は16.5%で、それ以外の23.4%よりぐっと低いです。

Z：予想したとおりだね。だが、「女性全般」だと集計対象が10

歳以上の全員ということになるから、対象者の年齢を絞るなど工夫した方がいいだろう。ちなみに、その２つのグループの人数にはどのくらいの違いがあるかい？
A：「小学生以下の子供がいる女性」は、それ以外の女性の６分の１くらいです。
Z：結果比率を比較するときには、元の標本の構成比の違いも考慮に入れる習慣をつけておくといいぞ。もともとの人数があまりにも少ないと、結果の説明力が弱くなるからね。

研究をさらに発展させるには…

A：先生、この符号表に掲載されている集計項目が全部使えるのなら、「旅行・行楽によく出かける人の演劇鑑賞率」なんていうのも計算できますね。
Z：社会生活基本調査に関しては、実は「生活時間編」と「生活行動編」のリンクも可能なので、時間編・行動編両方の利用申請をしておけば、「演劇鑑賞をした人としない人の家事時間の差」なんていうのも計算できるんだよ。
A：面白いですね！主婦の実態についていろいろ比較してみて、頑張って論文にまとめて発表します！
Z：論文には、"統計法に基づいて、独立行政法人統計センターから「平成13年社会生活基本調査」（総務省）に関する匿名データの提供を受け、独自に作成・加工した統計です。"というような、行政機関等が作成・公表している統計等とは異なることを明らかにする一文を入れておいてくれよ。
さらに、二次利用には、集計様式は制限されるが元の調査票情報データを100%使用して集計した結果が分かる「オーダーメード集計」や、元の調査票情報のコピーに直接アクセスして集計を行える、「33条申請」と呼ばれる申出方法もある。今後の研究の方向によっては、これらの申請も考えてみるといいだろう。

「生活時間編」と「生活行動編」のリンク：
世帯一連番号と世帯員番号をキーにしてデータを結合すれば、リンクデータが完成する。「時間編」は一人当たり２日分のデータがあることに注意。

「オーダーメード集計」「33条申請」に関しては、第３部で詳しく説明する。

第1部　二次利用制度の解説及び手続きの進め方

＜1　公的統計の二次利用と法律＞

　現在、国民の生活実態等を正確に把握するために様々な統計調査が行われていますが、このうち公的統計の基本的事項について定めたものが「統計法」です。
　この統計法の最大の目的は、「社会の情報基盤」としての公的統計の整備です。統計法第1条には、「この法律は、公的統計が国民にとって合理的な意思決定を行うための基盤となる重要な情報であることにかんがみ、公的統計の作成及び提供に関し基本となる事項を定めることにより、公的統計の体系的かつ効率的な整備及びその有用性の確保を図り、もって国民経済の健全な発展及び国民生活の向上に寄与することを目的とする。」と記載されており、公的統計が、従来の行政利用にとどまらず、誰でも利用できる情報基盤として、社会全体でさらに活用されていくことが望まれています。
　統計法の全体像を図にすると、以下のようになります。

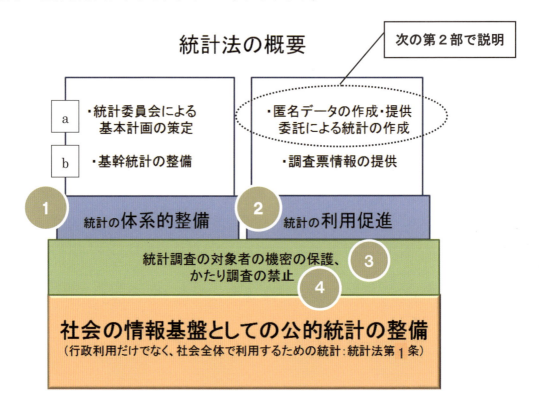

①　公的統計の体系的・計画的整備
　要員・予算に限りのある中で統計を体系的に整備していくために、行政機関は定期的に取組の基本計画を作成する必要があることを定めています。

a　統計委員会の設置

　専門的かつ中立公正な調査審議機関として、学識経験者によって構成する「統計委員会」が内閣府に設置されました。統計委員会は、基本計画の案や基幹統計などに関する調査審議を行うなど、公的統計において重要な役割を果たします。

　b　基幹統計の制定

行政機関が作成する特に重要な統計は「基幹統計」として位置付けられており、この基幹統計を中心として体系的整備を図ることとしています。

② 統計データの利用促進

　統計調査によって集められた情報（調査票情報）は、本来その目的である調査結果を作成するものとして使われるものですが、統計の研究や教育など公益に資するために使用される場合に限り、二次的に利用をすることが可能です。

　現在、制度化されている二次利用には、「匿名データの利用」（行政機関の長や独立行政法人などが作成した匿名データの提供を受けること）と「委託による統計の作成（一般的に「オーダーメード集計」といわれています）」がありますが、行政機関との共同研究など高度な公益性を有する研究などに限り、各府省の判断によりこれら以外の形で調査票情報を利用することができます。

　なお、本書では、この三つの利用方式を、一般的で理解しやすい表現である「二次利用」という言葉で表すことにします[1]。

さらに、円滑に統計調査を行うために、以下の事項も統計法で規定されています。

③ 統計調査の対象者の秘密の保護

　調査票情報などを統計の作成に関連する目的以外に利用・提供した者や、守秘義務規定に違反した者に対して、罰則が定められています。

④ 「かたり調査」の禁止

　国勢調査などの基幹統計調査について、その調査と紛らわしい表示や説明をして情報を得る行為（いわゆる「かたり調査」）を禁止しています。

---

[1] これらは、統計制度上は「二次**的**利用」と表されています。

※統計調査と個人情報保護法制の関連

　近年、個人情報保護についての誤った理解から、統計調査への回答が拒否される事例が増えています。しかし、上記のとおり、統計調査により集められた個人情報は、いわゆる個人情報保護の枠組みとは別体系であるこの「統計法」によって、厳格な保護の措置が講じられています。

　正確な調査結果を得るためには、調査対象者に正確に回答してもらうことが必要です。もし回答が得られなかったり、不正確だったりすると、集計値の精度が低い統計となってしまう可能性があります。このため、統計法第 13 条で、基幹統計調査を行う場合には、「報告を求められた者は、これを拒み、又は虚偽の報告をしてはならない。」と規定されています。

参考：統計法について

旧統計法との違い

　旧統計法は平成19年5月に全面的に改正され、新統計法が平成21年4月から施行されています。

　旧統計法の第1条は「この法律は、統計の真実性を確保し、統計調査の重複を除き、統計の体系を整備し、及び統計制度の改善発展を図ることを目的とする。」でした。旧統計法制定の時点では、戦時中の情報統制の悪影響がまだ色濃く残っていたこともあり、法律制定の最大の目的は、不都合な調査結果の隠蔽を認めない、真実性の確保でした。

　さらに旧統計法では、公的機関が実施する統計調査は、行政がその調査結果を施策の立案に用いることを目的として行うものとされていました。しかし、近年のコンピュータ処理能力の飛躍的向上を背景に、膨大な費用をかけて集められた公的統計のデータを、より有効に活用したいという声が高まってきました。近年では、諸外国においても、公的統計のミクロデータの公開及びそれを用いた研究が盛んになっています。この「行政のための統計」から「社会のための統計」へという世界的な動きの中で統計法は改正され、調査結果のより広範囲における利用が可能になりました。

基幹統計と一般統計

　「統計調査」は、行政機関、地方公共団体又は独立行政法人等が統計の作成を目的として個人又は法人その他の団体に対し事実の報告を求める調査を言います。統計調査のうち、基幹統計の作成を目的とする統計調査を「基幹統計調査」と言い、国が行う「基幹統計調査」以外の統計調査を「一般統計調査」と言います。

　基幹統計調査は、基幹統計を作成するための特に重要な統計調査であることから、調査対象から確実で正確な報告を得る必要があります。調査対象に報告の義務を課し、これに違反した場合は、50万円以下の罰金が科せられます。

　また、基幹統計調査であると偽って個人又は法人その他の団体の情報を取得（かたり調査）した者は2年以下の懲役又は100万円以下の罰金が科せられます。

提供された調査票情報の二次利用について

　統計法に「統計の利用促進」として掲げられた、調査票情報の二次利用全般の関係性を図にすると、以下のようになります。

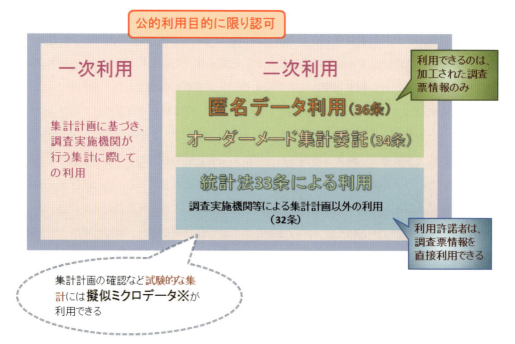

　「調査票情報」を正確に定義すると、統計法第2条第11項に規定された「統計調査によって集められた情報」、つまり、各調査客体に配布された調査票への記入内容のうち、文書、図画又は電磁的記録に記録されているもの、となります。この調査票情報は、基本的に1調査票につき1件のデジタルデータに変換され、調査票の設問に対応した選択肢の番号や記号、数値等で羅列した「ミクロデータ」（合算や集計が一切されていない、オリジナルデータ）として記録されます。これらに、以下で述べるような秘匿措置を行った上で利用者に提供されるのが「匿名データ」です。秘匿されるのは、主に回答者の属性に関する部分です。

　調査票情報は、法律に則って公的機関によって収集されたものであり、その利用者は、調査実施機関と同様のデータの守秘義務を負います。仮に違反した場合は、科料等の罰則が科せられます。

※擬似ミクロデータ…現在、統計センターで、全国消費実態調査の擬似ミクロデータの試行提供を行っています。これは調査票情報から集計した集計表を基に作成した「擬似的なデータ」で、これを使用すると、元となる調査に近似した集計が行えます。利用に際しては申出が必要ですので、統計センターＨＰで確認してください。

参考： 公的統計のミクロデータ利用

　公的機関が統計調査によって集めた情報には、結果公表の義務があります。この公表に際しては、事前に策定された集計計画（統計法第 9 条第 2 項 7、8 号で規定）に基づいて集計が行われます。この「統計調査を実施した機関が、集計計画に基づいて行う集計」が、調査票情報の「一次利用」に当たります。これ以外の利用を総じて「二次利用」と呼んでいます。

　旧統計法では、統計調査の目的は「一次利用」に限定されており、「何人も、指定統計を作成するために集められた調査票を、統計上の目的以外に使用してはならない。」という条文が設けられていました。しかし、「一次利用」として集計計画に基づいて公表される集計結果は、事象の一般的理解には十分に役立ちますが、これを研究目的で利用しようとすると、「興味のある項目のクロス集計結果が掲載されていない」「報告書掲載区分より細かい区分（年齢階級を「80 代以上」とする等）を用いた集計結果が確認できない」などの支障が出てくることがあります。これらは、元となる調査票情報の利用さえ可能になれば、独自に計画を立案して集計することができます。

　旧統計法には、上記の条文に続けて「総務大臣の承認を得て使用の目的を公示したものについては、これを適用しない」と定められており、旧統計法の施行期間中は、総務大臣の承認を得た場合に限り、例外的な扱いとして、「目的外利用」と称される調査票情報の二次利用が認められていました。この「目的外利用」は、あくまでも例外措置だったため、実際に利用できるのは一部の政府系職員及びその関係者にほぼ限定されており、申請の手続きも煩雑で、審査には非常に時間がかかりました（申請からデータ受領まで 1 年半近くかかる場合もあったようです）。研究者たちの努力によって、その後調査票情報の二次利用の意義や価値は次第に認められていきましたが、その制約の大きさから、利用はほとんど拡大しませんでした。

　このような背景を踏まえ、新統計法においては、秘密保護の原則は当然のこととして残しながらも、調査票情報の二次利用に関する規定が条文上で明確に定められることになりました。まず第 32 条で、調査を実施した行政機関の長又は届出独立行政法人等は、「総務大臣の

承認を得る」という段階を経なくても、所定の調査目的以外の統計の作成又は統計的研究を行うために、自らが行った統計調査に係る調査票情報を再利用できることになりました（法律上で「二次利用」という言葉を使って定義されているのはこのケースだけです）。また、「目的外利用」については、第 33 条において、行政機関等の分析と同等の公益性を有する統計の作成等を行う者は、調査票情報の提供を受けられる旨が規定されました（ただし提供の範囲は総務省令で定められます）。

　そして、データ利用をより円滑にするために法律上で制定されたのが「オーダーメード集計」（第 34 条）と「匿名データ提供・利用」（第 36 条）です。本書では、これらについて、詳しく述べています。

　なお、二次利用は英語で Secondary Use ですが、現在提供されているデータ、およびその利用形態は、アメリカなどで行われている Public Use File の利用とは大きく異なります。

＜2　利用の条件・種類＞

<u>二次利用申請が可能な条件</u>

　これまで述べてきたとおり、二次利用に際しては、「公益性」が非常に重視されます。ここで考えられる公益性には、
- 研究成果に公益性がある
- データ分析の手法を教えることに公益性がある

の2つがあります。
　二次利用の利用目的には、それぞれに対応して、「学術研究目的」の申請と、「高等教育目的」の申請が設定されています。

① 学術研究目的
　一般の研究者が、自らの研究に使用する目的で申請するものです。研究チームは複数名で構成されていても構いません。利用資格に制限はありませんが、申請時に利用者として登録した者以外は、分析補助を含め、匿名データを取り扱うことは一切できません。
　分析終了後は、学会報告や論文発表などでその成果を公表しなければなりません。

② 高等教育目的
　大学または高等専門学校における授業で、実際のデータを使った実習形式の授業を行う場合には、「高等教育目的」の申請となります。申請書には授業の内容や目的、そしてデータを使用する予定のある学生全員の氏名を記載し、指導教官が申請を行います。
　高等教育目的利用の場合、データの管理に関しては、使用予定者の人数に関係なく、指導教官がすべての責任を負います。また、実際の利用に入る前に、学生に倫理に関する教育を行う必要があります。
　高等教育目的利用でのデータ利用が認められた場合、その教育内容を、大学ＨＰ等で公表しなければなりません。

　いずれの場合にも、データが統計の作成又は統計的研究にのみ利用されること（営利目的での利用や、回答者を特定するような探索行為が行われないこと）、および匿名データが適正に管理されることが要求されます。ただし、もし仮に利用者が匿名データを使用して回答者の特定を試みても、それぞれのミクロデータが誰の回答のものかは、絶

対に特定できません（詳細は「第2部1　データの特徴」を参照して下さい）。

　ちなみに、匿名データの利用の手引きには、「匿名データは匿名化処理がなされているものの、統計調査の対象となった方々が申告した情報です。統計調査に対する信頼を損なわず、また、この制度が広く理解されるためには、利用者一人ひとりが情報セキュリティの意識を持って利用し、その成果を公表し、社会に還元することが重要となります。利用者の皆様におかれましては、このような趣旨を十分ご理解の上、情報管理の徹底と研究成果等の公表をお願いします。」と、別掲で明確に記載されています。

<u>二次利用申請の種類</u>

　二次利用申請が可能な利用形態は、以下の3通りです。

1　匿名データの利用
　ミクロデータそれぞれの調査客体が特定できないように加工した「匿名データ」が、利用申出を行った研究者等に提供されるものです。

2　オーダーメード集計委託
　事前に認定された調査実施機関等が、指定した様式に基づいて研究者等が申請した委託（オーダー）に応じて統計の作成を行い、その結果を提供するものです。研究者は実際にデータを取り扱うことはありません。
※オーダーメード集計については第3部1で詳細に説明します。

3　統計法33条に基づく利用
　旧統計制度では「目的外利用」と称されていた制度で、申請した調査の全ミクロデータを、自ら使用して研究を行うための制度です。ただし、一般の研究者の場合、この申請が認められるのは、公的機関と共同して行う研究の一環として調査票情報を利用する場合や、公的機関からの公募による方法での補助（例：文部科学省科学研究費補助金、厚生労働科学研究費補助金）を受けて行う研究の一環として調査票情報を使用する場合などに限られます。

※33条申請については、第3部2で説明します。

この3つの申請それぞれで、使えるデータの範囲が異なります。次の一覧表を確認して下さい。(次ページに続きます)

以下の章では、匿名データ利用申請の場合について説明していきます。

	集計・分析に使えるデータ	集計・分析に使える項目	申請者に提供されるもの	データ提供日の指定
匿名データ	一部抽出データ	調査票記載の調査事項(ただし詳細区分は使用できない場合あり)	匿名化処理済みのミクロデータ	可(ただし一定の審査期間が必要)
オーダーメード集計	全データ	調査票記載の調査事項(ただし依頼可能な集計様式に制限あり)	集計結果(一部秘匿処理が施される場合あり)	可(ただし一定の処理期間が必要)
33条申請	全データ	調査事項のうち、申請時に利用する旨を記載したもののみ	ミクロデータ	不可

※個人の識別情報は、すべてのケースで除外される

	利用条件	利用者の範囲	手数料	利用相談までに用意するべき資料
匿名データ	[1] 提供データを統計の作成等にのみ利用すること [2] 提供データを学術研究又は高等教育に用いることを直接の目的とするものであること [3] 学術研究の成果又は教育内容が公表され、社会に還元されること [4] 提供データを適正に管理するために必要な措置が講じられていること	[1] 一般の研究者（非営利目的であること） [2]「学術研究目的」の利用で、指導教員の研究を大学院生・学部学生が補助する場合や共同研究を行う場合の、指導教員、大学院生・学部学生 [3]「学術研究目的」の利用で、大学院生等が個人として研究を行う場合の大学院生 [4]「高等教育目的」の利用で、指導教員が提供された匿名データをそのまま学生に利用させて講義や演習を行う場合の、教員及び講義や演習の受講者	有料	研究計画、集計案の例示
オーダーメード集計	上記[2]および[3]	資格による制限なし	有料	申請を計画している集計様式すべて
33条申請	[1] 調査実施者の承認を受けること [2] 提供されたデータが適切に管理されること	[1] 行政機関等の職員 [2] [1]と同等の公益性が認められる統計の作成を行う者（公的機関との共同研究者、公的機関からの公募による補助を受けて研究を行う者など）	無料	集計を行う予定の集計様式すべて

＜3　手続きの概要＞

利用に際しては、
　　　①研究計画作成
　　　②利用相談
　　　③書類提出、手数料等納付
　　　④データ受領
　　　⑤集計、分析
　　　⑥中間提出書類作成
　　　⑦データ消去
　　　⑧利用報告書の作成
という手続きが必要になります。

①研究計画作成

　ＨＰ掲載の様式[3]を使用して、データ利用申出書を作成します。
　作成に当たっては、以下の点に十分注意して下さい。

（1）自分の研究は、匿名データ使用許可条件に該当するか
　匿名データの利用については、「学術研究の発展又は高等教育の発展に資すると認める場合」に提供を行うと規定されており、研究目的で匿名データを使用するためには、当該学術研究を行うことによる、特定研究分野又は社会における意義等の有用性を説明する必要があります。なお、高等教育目的の場合は、その教育自体に公益性があると判断されるので必ずしも必要となりません。

（2）集計のために使う集計事項は妥当か
　データを使った分析は、ある仮定が真と言えるかどうかを、集計値もしくはその差から判断するために行われるものです（例：特定の層が占める割合を調べる、男女別の平均を比較する）。そのため、「集計結果から仮定が真であることを導き出せるような集計

---

[3] 申出書は、学術研究目的の場合・高等教育目的の場合それぞれについて、利用主体が「個人」のものと「法人その他の団体」のものの2種類ずつの書式が指定されています。これは、利用を承認されるのが「個人」となるか「法人その他の団体」となるかの違いだけで、データの利用方法や利用条件には違いはありません。

計画であるかどうか」をよく確認しておきましょう。

（3）計画している集計は、報告書に記載されていないか

　過去に刊行された調査報告書には、原則として詳細なクロス集計結果は掲載されていませんが、利用者の関心の高い一部の属性についてのクロス集計結果はデータ公開されています。自分の研究計画がそれらと重複しないかを、e-Statの検索機能を用いるなどして十分に確認しておきましょう。（実際に、公表されている集計結果を集計計画に含んだ計画書が提出されるケースがあるようです）

（4）過度にクロスが細かくなっていないか

　標本数の多い匿名データを使える大きな利点は、多重クロスをかけても値が0にならないセルが比較的多いことです。ですが、該当件数が極端に小さいデータは誤差が大きく説明力が弱まる上、過度なクロス集計は作業ボリュームが大きくなりすぎる懸念があります（PCに過大な負荷がかかることがあります）。さらに、集計結果の出力が膨大になると、結果的に全部の集計結果を比較するのが難しくなってしまうので、あらかじめ必要に応じた集計項目の取捨選択を行っておきます。

（5）データの遺漏を防ぐ処置は万全か

　提供された匿名データは、遺漏を防ぐために厳重な管理が要請されます。具体的には「利用の手引き」に記載された条件を備えた環境下でデータを保存・管理するように求められますので、これに適した研究環境を構築しておきます。

②利用相談

　「第一次申請」とも言うべき最初の対外手続きで、データ提供窓口へ書類を持参して、書類不備などの回避、申出書類の審査等の手続の効率化、早期化を図るためのチェックを受けます。（匿名データ利用が2度目以降の場合は省かれることもあります。）不備を指摘された場合、持ち帰って修正します。

　また、最初の相談の時点で納付する手数料の正確な金額も確定するので、これを確認した上で最終的にデータ依頼をするかどうか判断します。

③書類提出、手数料納付

　依頼が決定した場合は、誓約書などを含むすべての書類提出を行い、提示された手数

料を納付します。

④データ受領

　データを受領したら、すぐにデータレイアウトおよびデータ内容を確認しておきます。遺漏があった場合、受領後2週間以内であれば正規データを即時請求できます。

　簡便な確認方法として、Excel で一度データを開いてみるといいでしょう。具体的な方法については第2部で説明します。

⑤集計、分析

　期限内に研究を終えられるように、集計、分析を行います。

　具体的な分析事例が第2部3に掲載されていますので参照して下さい。

⑥中間提出書類作成

　データ使用中に、当初の申出書に記載した内容に変更があった場合には「提供依頼申出書の記載事項変更依頼申出書」、データ保管期間が1年を超えた場合は「匿名データ管理状況報告書」の提出などが必要になります。

⑦データ消去

　データの集計・分析終了後、もしくは定められた使用期間の経過後は、速やかにすべてのデータ（中間生成表も含む）を消去する必要があります。規定の手続きに従ってデータを消去した後、「データ消去報告書」を添えて、利用期間終了日までに、最初に受領した匿名データ（CD-R もしくは DVD）を統計センターに返却します。

⑧利用報告書の作成

　当該データを用いて行った研究成果を、どのような形式で公表したか（「集計結果そのもの」ではありません）をまとめた「利用実績報告書」を、利用期間終了日から3か月以内に統計センターに提出します。

　以上が、匿名データを利用した研究を行う場合の全作業工程です。

　②の利用相談は、統計センターと連携協力協定を結んだ「サテライト機関」でも受け付けています。その場合は、利用相談（そのままで本申請が可能な書類の完成）までをサテライト機関で担当し、③の処理以降は統計センターとの交渉になります。

第2部　匿名データの使い方

<1 データの特徴、説明書の読み方>

　行政機関が匿名データを作成するに当たっては、あらかじめ統計委員会の意見を聴くこととされていますが、匿名性を担保する方法として特定の処理が規定されているわけではなく、各府省が独自の基準を用いて匿名データを作成することができます。以下では、他府省に先行し提供が開始された、総務省管轄統計の匿名化の方法について述べることとします。

<u>匿名データの特徴</u>

　匿名データの特徴としては、以下の点が挙げられます。

ア　全調査データから、一部が再抽出（リサンプリング）されている
　現在匿名データが提供されている総務省の調査は、国勢調査を除いてすべて標本調査です。利用者には、その中からさらに一部を無作為に再抽出（リサンプリング）したもの（社会生活基本調査の場合、世帯単位で80％を抽出）に、匿名化措置を施したデータが提供されることになっています。
　また、このリサンプリングを行う前の段階で、抽出される可能性のある調査票情報に選別が加えられる場合もあります。例えば社会生活基本調査の場合、公表されている集計結果は「生活時間編」、「生活行動編」のどちらか一方の回答しかない調査票情報[4]も加えて集計されていますが、提供される匿名データは、時間編・行動編の両方の調査票の揃っている世帯のみから抽出されたものとなります。
　これらの理由から、同一内容の集計を行っても、提供された匿名データを用いて行った集計値と、報告書等に記載されている数値は、一致しない場合があります。

イ　特異な世帯のデータは提供されない
　結果の値としては通常値の範囲内（統計学的にいう「極値」「外れ値」ではない）であっても、内容的な特性から調査客体を特定されやすい世帯のデータは、リサンプリン

---

[4] 社会生活基本調査では、調査対象者全員に「時間編」「行動編」双方の内容を記載した調査票が配布されますが、回収後に、未記入だったり、矛盾する内容を含んだりした調査票が発見されることがあります。この場合、記載に遺漏のない部分の回答だけを集計するという対処が行われることがあります。

グ前に削除されています（例：世帯人員が8人以上の世帯や、同一年齢の者が3人以上いる世帯）。

ウ　トップコーディング／ボトムコーディングされている

　データの特定を避けるために、一部の数値項目の最上階級を「××以上」でまとめる「トップコーディング」や、最下階級を「××以下」でまとめる「ボトムコーディング」が施されています（例：年齢85歳以上はすべて「85歳」とする、一定規模以下の住居規模は表章最低値に切り上げる）。

エ　階級区分数が調査票の区分より少ない

　元のデータには年齢各歳で表されているデータを「5歳階級」にして表示するなど、階級区分を調査票より粗くすることで、データの特定を避ける処理をしています。

　詳細な階級区分を用いた分析を計画している場合、匿名データの提供を受けても分析が行えない可能性があるため、提供項目内容の事前の確認は必須です。例えば、社会生活基本調査を用いて、受験を控えた「中学3年生」の行動について「中学1～2年生」の行動と比較して違いを調べる、というような分析はできません（年齢階級では「10～14歳」と「15～19歳」しか判別できないため[5]）。

オ　提供前にデータを並べ替えられている

　データの保管に際しては、例えば都道府県順、調査区番号順など、データを後日使うであろうと思われる系統順に並べておくのが通常です。しかし、この格納方法では、一部の属性が共通するデータが近くに配置されることになり、前後のデータとの関連について類推を招く可能性があります。そこで、匿名データは、リサンプリングされたデータを、さらに世帯単位で無作為に並べ替え、前後の世帯データの関係性を完全に排除した上で提供されます。

---

[5] 社会生活基本調査は10月に調査が行われるので、「14歳」には中学3年生が一部含まれます。ちなみに、「15歳」が中学3年生か高校1年生かは「在学区分」を使用すれば区別できます

データ説明書の読み方

1　調査項目の呼称と定義

　統計調査においては、調べたい事柄（**調査事項**）は**調査票項目**として調査票に記載され、対象者から得られた回答は、**分類事項**に基づいて格付けした形で公表されます。この調査項目に関する3つの呼称について説明します。

ア　調査事項
　各調査ごとに規定される「調査の概要」にも記される、調査する具体的な内容をいいます。
例：「世帯主との続柄」「配偶者の有無」「ふだんの就業状態」「携帯電話やパソコンなどの使用の状況」

イ　調査票項目
　配布される調査票に、実際に記載された設問内容のことです。調査対象者自らが回答したものがほとんどですが、世帯情報については調査員が記入する項目もあります。

ウ　分類事項
　調査票項目への回答を、単独、または必要に応じて複数組み合わせて設定した、集計用の項目のことです。匿名データは、この分類事項に基づいて格付けされています。

　分類事項の正確な定義は各調査ごとの「用語の解説」で確認できます。また、「分類事項一覧」はHPで確認できる場合もあります。各調査の「調査の結果」ページにある「統計表一覧」ページを確認してください。利用可能な場合、「集計事項一覧・分類事項一覧」ページのリンクが掲載されています。

2　符号表の読み方

　符号表は、データの「どこに」「どんなデータが」入っているかを説明したものです。政府統計における各種統計調査のミクロデータのレイアウト構造を示す符号表は、「政府統計個票データレイアウト標準記法」に準拠して作成するように定められており、

匿名データ利用者用に向けて提供されている符号表も、これに準じた標記になっています。「政府統計個票データレイアウト標準記法」の詳細はＨＰ上でも確認できます[6]が、この記述は専門用語が多く分かりにくいので、具体例を挙げて解説します。

(1)「階層」と「繰返し」

符号表は、以下のようなデータ配列を「項目名」「階層」「繰返し」の定義を用いて1次元表形式で示したものです。

		区分A									区分B	
		区分a-1			区分a-2			区分a-3				
項目1	項目2	項目3	項目4	項目5	項目3	項目4	項目5	項目3	項目4	項目5	項目6	項目7
項目通し番号 1	2	3	4	5	6	7	8	9	10	11	12	13

「階層」は、その項目が上から何番目の階層に当たるかを表しています。例えば「項目1」は階層1、「項目3」は階層3です。

「繰返し」は、同一の項目の並びが、同一の並列区分のもとに何回か繰返して表れる場合に記載され、その繰返しの回数を表します。上記の例では、項目3～5は区分Aについての小区分a-1からa-3について、同一の順序で3回繰り返されていますので、繰返しが3回となります。「繰返し」の値は先頭項目のみに記載され、その項目の「階層」の値以下の値を持つ項目が次に現れるまでの部分が繰り返されることになります。

項目3～5の内容が同一であっても、すべての場合で「繰返し」と表記されるわけではありません。符号表で「繰返し」と表記されるのは、区分a-1、a-2、a-3が区分Aの「下層区分」ではなく、Aと「同階層の小区分」の1つである場合に限ります。

例1：A＝「スポーツについて」　a＝「スポーツの種類」（「野球」「サッカー」など）
例2：A＝「行動時間・行動符号」a＝「行動時間」（「午前0時～午前0時15分」「午前0時15分～午前0時30分」など）

上記の例は、符号表では次のように表されることになります。

---

[6] http://www.stat.go.jp/info/guide/keikaku/pdf/2_4.pdf

項目名	階層	繰返し
項目1	1	
項目2	1	
区分A	1	
区分a	2	3
項目3	3	
項目4	3	
項目5	3	
区分B	1	
項目6	2	
項目7	2	

例：平成13年社会生活基本調査の介護の状況に関する部分の符号表は、以下のとおりです。

項目名	階層	繰返し
世帯員情報	1	
男女の別	2	
世帯主との続柄	2	
年齢	2	
配偶者の有無	2	
教育	2	
ふだん介護をしていますか	2	
６５歳以上の家族	3	
自宅内	4	
自宅外	4	
その他の家族	3	
自宅内	4	
自宅外	4	
介護していない	3	

この部分は、データ構造としては次のようになっています。

世帯員情報									
男女の別	世帯主との続柄	年齢	配偶者の有無	教育	ふだん介護をしていますか				介護していない
					65歳以上の家族		その他の家族		
					自宅内	自宅外	自宅内	自宅外	

　階層3の「65歳以上の家族」「その他の家族」「介護していない」は、階層2の「ふだん介護をしていますか」の下層区分なので、階層4の内容が同一でも「繰返し」の表記はされません。

(2)「符号」と「符号内容」

　「符号」は実際にそのセルに入っているデータ値、「符号内容」はそれぞれのデータ値の内容です。
　データチェックの際は、「その他」「不詳」「ブランク」の3つの符号の意味の違いに十分注意する必要があります。

ア　「その他」
　調査票の回答選択肢に記載された「その他」を選択しているもの。正規の回答データです。

イ　「不詳」（V、VV等で表される）
　回答がない、もしくは判読不能で回答をデータとして取り込めないもの。

ウ　「ブランク」（符号表では「△」「△△」等と記載されるが、実際のデータは「　」「　　」）
　該当レコードの回答者が、その調査項目の回答対象になっていない場合（15歳未満の回答者の「就業状態」、無業者の「就業時間」など）、その回答データ位置には、ブランクが入れられます。

(3)「対象」および「備考」

　前項で言うブランクを含むデータのように、全体の中から一部だけを対象にしている項目や、データに何らかの処理を施してから提供している場合には、これらの項目にその処理内容が記載されます。

ここに何らかの記載のある項目を使ったデータ分析を計画している場合、事前にその内容を十分確認しておく必要があります。

3　複数年次のデータを用いた分析における注意点

　時系列比較を計画している場合、複数年次のデータを取り扱うことになりますが、同一の調査であっても、符号表の内容は年度ごとに全く違うものになっています。集計項目の追加・削除が行われるだけでなく、「符号」の内訳数レベルで変更が施されている場合もあります。
　ここでは、あくまでも一例として平成13年社会生活基本調査を取り上げて説明しましたが、自分が分析に使用しようとしている統計調査の、それぞれの年度で使われた調査項目およびその内訳、また、項目の内容が前後の調査ときちんと接続しているかどうかは、必ず実際の符号表を見て確認してください。

＜2 データ形式、統計分析アプリケーション＞

データ形式

大量データの保存によく使われるデータ形式には、「TXT 形式」と「CSV 形式」があります。

・TXT 形式
　固定長フォーマットであり、データ読み込みはデータ入力位置（桁数）を基準に行います。
　データ値のない部分は、ブランクもしくは「*」で埋められます。
・CSV 形式
　可変長フォーマットであり、データはカンマ（,）で区切られています。
　ブランクデータ（欠データ）の多いレコードは、データ全体の長さが短くなります。

　統計局の提供する匿名データは、CSV 形式に統一されています（拡張子は.csv）。データは、全てのレコードのレコード長及び項目のカラム数が一致するよう、固定長テキスト形式のレコードをカンマで区切っているため、固定長テキスト形式としても扱えます。

　CSV 形式のファイルは、Excel で標準サポートされている[7]他、SPSS などの統計処理ソフトを使用する場合でも、通常はそのままで読み込みが可能であるという特徴があります。
　次からは、Excel を使用する場合、そして、SPSS および SAS を使用する場合について、実際の操作例を説明します。

---

[7] Excel がインストールされている PC の場合、拡張子が「.csv」のファイルは、エクスプローラー上では通常 Excel のアイコンに準じたアイコンが表示され、ダブルクリックすると Excel が立ち上がります。

※参考サイト
- SAS

  製品全般について

  http://www.sas.com/ja_jp/home.html

  SAS Enterprise Guide（SAS をグラフィカル・インターフェイスを介して操作できるアプリケーション）について

  http://www.sas.com/ja_jp/software/enterprise-guide.html

- SPSS

  http://www-01.ibm.com/software/jp/analytics/spss/products/statistics/

Excel2010 の操作

※Excel2003 以前のバージョンでは、統計センター提供の「匿名データ」のような大きさのファイルになると、全部を読み込むことは出来ません。また、開こうとするファイルの大きさや PC のスペックによっては、Excel2010 でもファイルを開けない場合もあります。

1　ファイルを開く

「ファイル」タブ→「開く」→(「ファイルを開く」)でデータを開きます。

2　変数の個数の確認

最初のデータの入力されたセルを選択し、Ctrl+Shift+「→」を同時に押します。データが入っているセルの右端までが選択されるので、タスクバー（画面下部）に表示される「データの個数」を確認します。

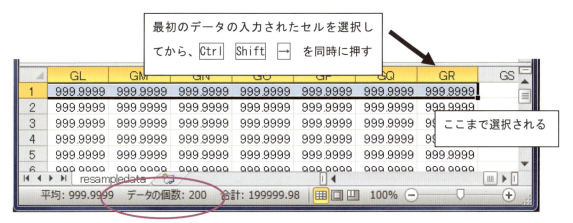

3　変数の合計値や平均値を確認する

セルの値が数値の場合、Excelが自動的に合計や平均を算出する機能がありますので、これを使用します。最初の行に変数名が入っているとデータが処理しやすくなりますので、まず1行目に符号表の「項目番号」に準じた変数名を挿入しておきます。

集計したい変数を任意に選んで変数名のセルを選択し、Ctrl+Shift+「↓」を同時に押します。該当の変数についての全レコード分が選択されるので、タスクバーの数値を確認します。（変数名データが追加されているので、タスクバーに表示されるデータの個数は、レコード数より1件分大きくなります。）

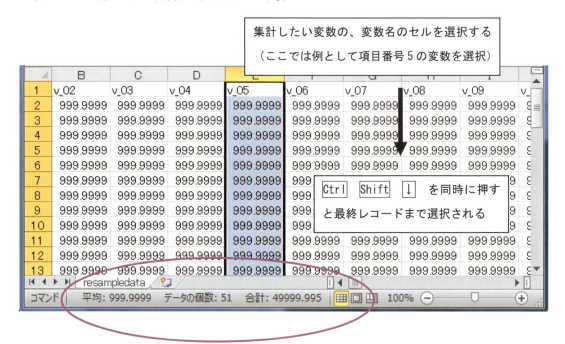

ここで算出された結果を、報告書の数値と比較してみます。

報告書とは集計対象が異なるので、結果は完全には一致しません。しかし、あまりに乖離が大きい場合には、データの読み込みに誤りがある可能性があるので、符号表を再確認してみます。

SPSS の操作（20.0J の画面表示の例）

1　「ファイル」→「開く」→「データ」を選択します。

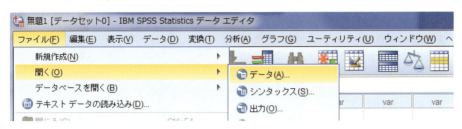

2　提供されたデータの保存フォルダから該当データファイルを選択して開きます。その際、「ファイルの種類」を「テキスト（*.txt,*.dat,*.csv）」または「すべてのファイル（*.*）」にしないと csv ファイルは表示されないので注意が必要です。

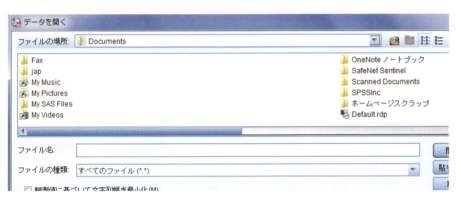

3　「テキストインポートウィザード（ステップ 1/6）」画面から、「テキストファイルは定義済みの形式に一致しますか？」の「いいえ」を選択し、「次へ」を押します。

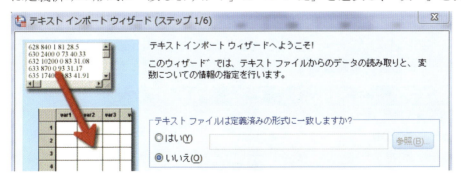

4　「テキストインポートウィザード（ステップ 2/6）」画面から、「元データの書式」

の「自由書式」および「ファイルの先頭に変数名を含んでいますか」の「いいえ」を選択し、「次へ」を押します。

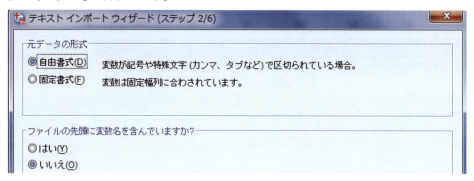

5 「テキストインポートウィザード（ステップ 3/6）」画面から、「最初のケースの取り込み開始行番号」が「1」になっていることを確認し、「ケースの表される方法」の「各行が1つのケースを表す」および「インポートするケース数」の「すべてのケース」を選択し、「次へ」を押します。

6 「テキストインポートウィザード（ステップ 4/6）」画面から、「変数間に使用する区切り記号」の「カンマ式」にチェックが入っていること、および「テキスト修飾子」が「なし」になっていることを確認して「次へ」を押します。

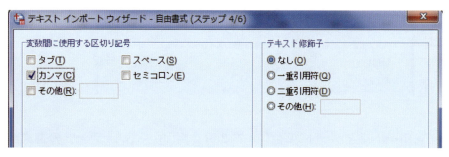

7 「テキストインポートウィザード（ステップ 5/6）」画面から、「データプレビュー（画面下段の表示ウィンドウ）」で選択されている変数の仕様」に変更がある場合は変更します。

SPSS は、読み込んだデータの最初の部分で該当するデータ形式を判断します。この判断が正しい場合にはそのまま「次へ」を押せばいいのですが、変更を加える場合には「データ形式」から該当の形式を選択します。

また、「変数名」の欄に別の変数名を入力すれば、変数名の変更もできます。

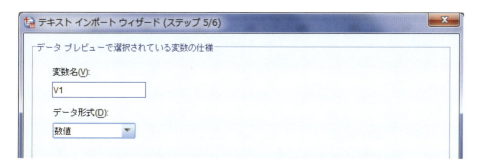

8 「テキストインポートウィザード（ステップ 6/6）」画面から、「あとで使用できるようにこのファイル形式を保存しますか？」で「いいえ」を、「シンタックスを貼り付けますか？」で「いいえ」を選択して「完了」を押すと、作業結果を記した出力ウィンドウが表示されると同時に、データセットが表示されます。（読み込みシンタックスを確認したい場合は、貼り付けオプションで「はい」を選択するとシンタックスが表示されます）

何らかのエラーがありデータセットが表示されない場合は、出力ウインドウの記述内容を確認します。

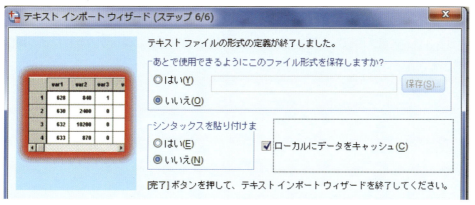

データ表示の例

9　変数の個数を確認する

画面右上に「表示：●個（●変数中）」とあるのが、読み込まれたすべての変数の数です。この値が計画している集計の変数と一致するかを確認します。

10　変数の合計値や平均値を確認する

SPSS には Excel のような簡易表示機能は存在しないので、メニューから「記述統計」を選び、合計や平均を算出し、報告書と比較します。
報告書とは集計対象が異なるので、結果は完全には一致しません。しかし、あまりに乖離が大きい場合には、データの読み込みに誤りがある可能性があるので、符号表を再確認してみます。

※SPSS の詳しい操作方法については、市販の「ウルトラ・ビギナーのための SPSS による統計解析入門」（小田利勝著、プレアデス出版）などをご覧ください。また、Web 上には大学の教材などの操作説明資料も多数掲載されています。

45

SASの操作（9.3の画面表示の例）

1　データを読み込む

＜ウィザードを使用して読み込む場合＞

（1）「ファイル」→「データのインポート」を選択します。

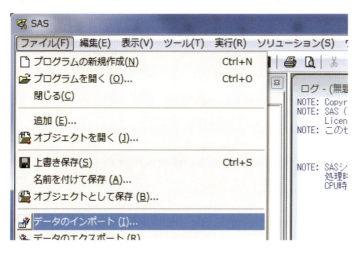

（2）表示される「インポートウィザード－インポートタイプの選択」画面で、「標準データソース」にチェックが入っていることを確認し、選択メニューから「カンマ区切り（*.csv）」を選択してから「次へ」を押します。

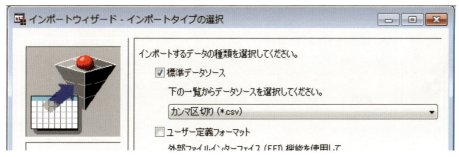

（3）「インポートウィザード－ファイルの選択」画面から、「参照」ボタンを使用して読み込むファイルのパスおよびファイル名を指定します。次に「オプション」ボタンを押し、表示される画面の「先頭行を変数名として使う」に入っているチェックを外し、「OK」を押します。すると先ほどの画面に戻りますので、「次へ」を押します。

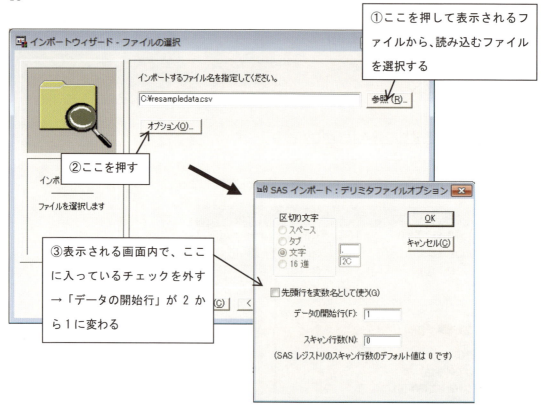

（4）「インポートウィザード－ライブラリとメンバーの選択」画面で、読み込んだデータの SAS データセット名を指定します。ライブラリはメニューから選択し、データセット名は直接入力します。終わったら「次へ」を押します。

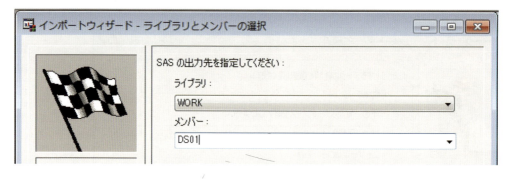

（5）「インポートウィザード－SAS ステートメントの作成」画面が表示されます。今回の指定を織り込んだ SAS プログラムが今後必要な場合はここでプログラムの保存先を指定しますが、特にその必要がない場合は「完了」を押します。
SAS のインポートプログラムがサブミットされ、読み込みが始まります。

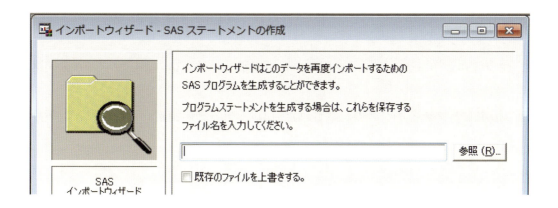

(6)「ログ」画面に表示されるメッセージを確認します。変数やオブザベーションの数に誤りがなければ読み込み完了です。

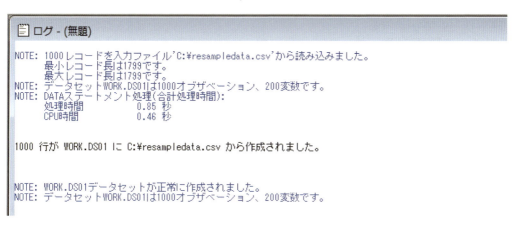

データ表示の例

48

<SAS Enterprise Guide を使用して読み込む場合＞（4.3 の画面表示の例）

（1）「ファイル」→「データのインポート」を選択し、読み込みたいファイルのパスを指定します。
すると、指定したファイルパスの記載された「1/4　データの指定」というウィンドウが開きます。

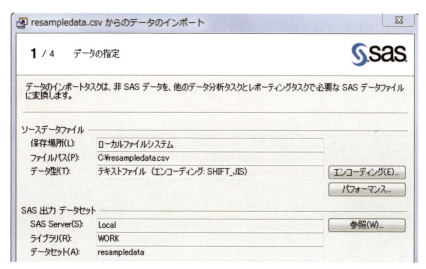

（2）ここで「完了」を押します。続いて表示される出力表示ウインドウの「ログ」タブをクリックし、最下部に表示されているオブザベーション数と変数の数を確認します。数に誤りがなければ読み込み完了です。

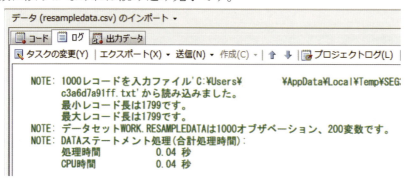

（この画像は一部加工済みです。Enterprise Guide の内部処理により、直接の読み込み元は中間生成ファイルになります。）

<プログラム記述によって読み込む場合>

固定長データの読み込み

　SASのデータ入力は様々な方法がありますが、ここでは、符号表との対応が明確であるという観点から、位置をポインタで直接指定して、フォーマット入力する方法を紹介します。

　例えば、平成13年社会生活基本調査生活行動編符号表によると、項目番号1の「政府統計コード」は、1桁目から始まって、8バイトを使っています。したがって、SASの入力ステートメントにおいては、ポインタを1桁目に移動し（@1）、長さ8桁の文字列の書式（$char8.）を指定します。

平成13年社会生活基本調査生活行動編符号表からの抜粋
ファイル名　2001shakai_S.csv
レコード長　1187

行番号	項目名	位置	項目番号	バイト数	SASステートメント例
1	政府統計コード	1	1	8	@1 V0001 $char8.
2	,	9		1	(不要)
3	管理コード	10	2	10	@10 V0002 $char10.
4	,	20		1	(不要)
5	調査西暦年	21	3	4	@21 V0003 $char4.
6	,	25		1	(不要)
7	データの種類	26	4	1	@26 V0004 $char1.
8	,	27		1	(不要)
9	レコード一連番号	28	5	10	@28 V0005 $char10.
10	,	38		1	(不要)
11	世帯一連番号	39	6	10	@39 V0006 $char10.

12	,	49		1	（不要）
13	世帯員番号	50	7	2	@50 V0007 $char2.

同様にポインタの位置と入力書式を順番に指定すると、最初の7項目を読み込むプログラムは、次のようになります。なお、変数名およびラベルは、公開されている「項目名一覧」に準拠しています。

```
filename fn2001ac "2001shakai_S.csv";

DATA Activities2001;
    infile   fn2001ac MISSOVER lrecl=1187;
    input
@1 V0001 $char8.
@10 V0002 $char10.
@21 V0003 $char4.
@26 V0004 $char1.
@28 V0005 $char10.
@39 V0006 $char10.
@50 V0007 $char2.;
    label
        V0001='政府統計コード'
        V0002='管理コード'
        V0003='調査西暦年'
        V0004='データの種類'
        V0005='レコード一連番号'
        V0006='世帯一連番号'
        V0007='世帯員番号';
run;
```

なお、符号表において「項目番号」に数字が入っている行に対応する項目だけを読み込めばよいでしょう。また、繰り返しのあるときは、繰り返しを展開した符号表を自分で作成し直すか、SASのマクロ機能を使用すると便利です。

2　変数の平均値を確認する

ここでは、SAS Enterprise Guide 4.3 を用いての確認方法を説明します。

（1）「タスク」→「記述統計」→「要約統計量」と進みます。

（2）左側の「変数リスト」に表示される変数リストから集計値を確認したい変数を選び、右側「タスクの役割」の「分析変数」の□の位置までドラッグします。ここでは例として「VAR1」を選択します。

（3）「実行」を押すと、「結果」タブにVAR1の平均・標準偏差・最小値・最大値・デ

ータ件数が表示されます。

要約統計量
結果
MEANS プロシジャ

分析変数：VAR1				
平均	標準偏差	最小値	最大値	N
999.9999000	0	999.9999000	999.9999000	1000

また、（1）で「記述統計」以下の別の項目を選択した場合、データ分布のヒストグラムを表示したり、平均以外の様々な統計量を算出したりすることもできます（利用環境に依存します）。

ここで算出された結果を、報告書の数値と比較してみます。
報告書とは集計対象が異なるので、結果は完全には一致しません。しかし、あまりに乖離が大きい場合には、データの読み込みに誤りがある可能性があるので、符号表を再確認してみます。

※SAS の詳しい操作方法については、市販の「統計を知らない人のための SAS 入門」（大橋渉著、オーム社）などをご覧ください。また、SAS の「SAS FAQ」内にも、外部ファイルの読み込みに関する説明があります（http://www.sas.com/ja_jp/support/technical/faq.html）。

＜3　分析事例＞

1．分析テーマ「専業主婦の演劇鑑賞活動」

「共働きの世帯の妻」と「夫が有業で妻が無業の世帯の妻」の「演芸・演劇・舞踊鑑賞（テレビ・ＤＶＤなどは除く）」の行動者率を比較する。

2．背景

最初に登場したＡさんとＺ先生の会話に沿って進める。Ａさんのお母さんは、月に一度はお芝居を見る、という生活を送っているが、Ａさんはそのような生活をしている人が多いのかどうかに関心がある。Ａさんのお母さんの属性については、「女性、50～54歳、有配偶、無業、夫は有業」といったことが分かっている。

3．手順
（1）統計表を探す

統計局ＨＰから、平成23年社会生活基本調査の生活行動編（全国）の趣味・娯楽に関する統計表の一覧を確認する。

平成23年社会生活基本調査（総務省統計局）

まず「配偶関係」に着目して表を探してみると、最初に挙げられているのは 46-2 表「ふだんの就業状態, 男女, 配偶関係, 年齢, 趣味・娯楽の種類別行動者率（15 歳以上）」である。ここから、A さんのお母さんの属する「女性で 50～54 歳で有配偶」の「演芸・演劇・舞踊鑑賞（テレビ・DVD などは除く）」の行動者率を確認する（19.3%）。

平成 23 年社会生活基本調査（総務省統計局）

　同じ Excel ファイルの 2 番目のシートは有業者、3 番目は無業者の表になっているので、この表でふだんの就業状態別の行動者率も分かる。まとめると次のようになり、有業者の方が高い行動者率であることが分かる。

演芸・演劇・舞踊鑑賞（テレビ・DVD などは除く）の行動者率
女性で 50～54 歳で有配偶

	行動者率
総数	19.3%
有業者	20.3%
無業者	16.5%

平成 23 年社会生活基本調査（総務省統計局）

ところで、社会生活基本調査における「ふだんの就業状態」についての集計は、表によって異なる区分が用いられている。例えば、46-2 表と 41-2 表ので使用されている「ふだんの就業状態」の区分を比べると次のとおりである。41-2 表のクロス集計の方が細かい分類になっていることを確認しておこう。

46-2 表	41-2 表
総数	総数
有業者	有業者
無業者	主に仕事
	家事などのかたわらに仕事
	通学のかたわらに仕事
	有業者
	家事
	通学
	その他

平成 23 年社会生活基本調査（総務省統計局）

「用語の解説」には、項目の定義が記載されているので、こちらも一読しておこう。

6　ふだんの就業状態
15 歳以上の人について，ふだん仕事をしているか否かにより，次のように区分した。

15 歳以上
　　有業者 ｛ 主に仕事
　　　　　　家事などのかたわらに仕事
　　　　　　通学のかたわらに仕事
　　無業者 ｛ 家事
　　　　　　通学
　　　　　　その他

・有業者……ふだんの状態として，収入を目的とした仕事を続けている人。
　なお，自家営業の手伝い（家族従業者）は，無給であってもふだん継続して仕事をしていれば有業者とした。
　また，育児休業や介護休業などで仕事を一時的に休んでいる場合は，収入の有無及び休業日数の長短にかかわらず有業者とした。
　なお，仕事があったりなかったりする人や，忙しい時だけ家業を手伝う人など，「ふだんの状態」がはっきり決められない場合は，おおむね，1 年間に 30 日以上仕事をしている場合を，有業者とした。
・無業者……有業者以外の人。

平成 23 年社会生活基本調査（総務省統計局）

さて、Aさんのお母さんが無業者のうち家事だとすると、41-2表から、Aさんのお母さんと同じ属性になる「女性、家事、50〜54歳」の行動者率は**16.9%**である。しかし、この表では配偶関係をクロスした行動者率は分からない。

「配偶関係」がクロスされていない

第41-2表 男女、ふだんの就業状態、年齢、趣味・娯楽の種類別行動者率
Table41-2. Participation Rate in Hobbies and Amusements by Sex, Usual Economic Activity and Age

ふだんの就業状態 年齢		標本数 Number of samples	10歳以上推定人口(千人) Population 10 years and over (1000)	総数 Total	スポーツ観覧(テレビ・DVDなどは除く) Watching sports games (excluding TV PGM and DVD)	美術鑑賞(テレビ・DVDなどは除く) Watching works of art (excluding TV PGM and DVD)	演芸・演劇・舞踊鑑賞(テレビ・DVDなどは除く) Watching vaudevilles, plays and dances (excluding TV PGM and DVD)	映画鑑賞(テレビ・ビデオ・DVDなどは除く) Watching movies (excluding TV PGM, video and DVD)	音楽会などによるクラシック音楽鑑賞 Going to classical music concerts	音楽会などによるポピュラー音楽・歌謡曲鑑賞 Going to popular music concerts	CD・テープ・レコードなどによる音楽鑑賞 Listening to music by CD, tape, records, etc.
				1	2	3	4	5	6	7	8	9	10
無業者 1)		69	42,876	26,949	80.5	11.2	18.3	14.4	29.0	10.5	12.9	39.8
	15〜19歳	70	3,759	2,253	93.9	25.7	16.3	18.3	59.1	16.0	20.1	76.2
	20〜24歳	71	996	888	92.7	23.7	22.6	14.8	61.2	8.1	20.6	73.7
	25〜29歳	72	1,032	880	90.1	13.1	15.0	11.3	40.1	5.6	13.2	70.5
	30〜34歳	73	1,569	1,278	92.2	13.0	15.1	10.5	36.4	7.4	13.7	67.4
	35〜39歳	74	2,030	1,622	93.1	17.1	16.5	12.9	45.2	11.0	12.6	67.7
	40〜44歳	75	1,725	1,321	92.9	20.6	20.8	16.3	47.3	15.3	15.8	68.1
	45〜49歳	76	1,336	955	90.8	19.8	26.5	17.5	46.0	13.7	18.0	66.0
	50〜54歳	77	1,517	941	87.6	15.6	28.1	16.3	40.2	14.4	17.9	55.9
	55〜59歳	78	2,399	1,415	85.5	11.2	28.5	18.7	35.0	14.5	16.7	45.2
	60〜64歳	79	4,603	2,708	84.9	10.0	26.4	18.7	30.7	13.1	15.1	35.6
	65〜69歳	80	4,477	2,683	84.4	8.9	23.8	18.7	23.9	12.8	15.4	27.6
	70〜74歳	81	4,935	2,909	78.9	6.7	20.1	15.8	16.8	11.4	11.6	20.9
	75歳以上	82	12,448	7,096	60.6	2.8	8.8	8.8	6.8	5.2	5.5	10.9
(再掲)												
	85歳以上	83	21,910	12,688	69.8	5.0	14.6	12.5	12.7	8.2	9.0	16.7
家事		84	30,756	19,717	83.3	10.6	20.3	15.3	27.9	11.3	13.0	39.4
	15〜19歳	85	42	25	93.5	2.8	4.9	3.8	33.4	2.0	6.1	60.9
	20〜24歳	86	306	225	89.3	14.7	11.3	5.3	40.5	3.1	6.0	62.4
	25〜29歳	87	817	693	90.0	12.8	11.4	9.7	35.2	5.2	11.9	69.1
	30〜34歳	88	1,427	1,155	92.8	12.8	14.6	10.8	34.8	7.5	12.6	67.3
	35〜39歳	89	1,880	1,497	93.3	17.3	16.5	13.3	44.8	11.7	12.4	69.2
	40〜44歳	90	1,621	1,253	93.4	21.1	21.0	16.7	48.1	15.6	16.1	68.7
	45〜49歳	91	1,222	882	91.8	20.9	27.6	18.0	47.2	13.8	18.7	67.6
	50〜54歳	92	1,437	903	88.2	15.7	29.0	**16.9**	40.8	14.7	18.5	56.9
	55〜59歳	93	2,255	1,334	88.7	11.4	28.3	18.8	36.0	16.8	16.8	45.9
	60〜64歳	94	4,999	2,475	88.3	10.3	26.8	19.2	31.2	13.0	15.6	36.9

平成23年社会生活基本調査（総務省統計局）

ここで、「集計事項一覧」の記載を見てみよう。「集計事項一覧」は、各表がどのようなクロスで集計を行っているかを一覧形式で表したものであり、必要な表を探すために便利である。これで41-2表と46-2表についての記載内容を確認してみると、46-2表は「配偶関係」欄に「4A」と記載があるが、41-2表は空欄になっている。つまり、既に確認したとおり、41-2表では配偶関係を用いたクロス集計結果は調べられないのである。

集計事項一覧（抜粋）

平成23年社会生活基本調査（総務省統計局）

　そして、「ふだんの就業状態」については、41-2表・46-2表ともに記載があり、これらの表でクロス集計結果が調べられることが分かるが、41-2表には「9」、46-2表には「3A」と、異なる内容が記載されている。

　この記載の意味は、次ページに示す「分類事項一覧」で確認できる。すなわち、「ふだんの就業状態」の「9区分」とは「総数／有業者／主に仕事／家事などのかたわらに仕事／通学のかたわらに仕事／無業者／家事／通学／その他」の9区分を用いた集計ということであり、「3A区分」というのは「総数／有業者／無業者」という3区分を用いた集計であることを示している。

　「集計事項一覧」も「分類事項一覧」も、統計局のＨＰに掲載されている。

分類事項一覧（抜粋）

7 ふだんの就業状態

（9区分）
総数
　有業者
　　主に仕事
　　家事などのかたわらに仕事
　　通学のかたわらに仕事
　無業者
　　家事
　　通学
　　その他

（5区分）
有業者
　主に仕事
　家事などのかたわらに仕事
　通学のかたわらに仕事
通学

（4区分）
総数
　家事
　通学
　その他

（3A区分）　　　　　（3B区分）
総数　　　　　　　　総数
　有業者　　　　　　　家事
　無業者　　　　　　　その他

平成23年社会生活基本調査（総務省統計局）

　次に、時系列比較を行うために、平成18年、13年と順番に遡って集計表一覧を見てみると、18年は23年と同様の表があるが、13年は一部の表の内容が異なっている。

60-1	世帯の家族類型，従業上の地位，従業者規模・職業・週間就業時間・週休制度・ふだんの片道の通勤時間（以上夫について），趣味・娯楽の種類別行動者数(夫が有業で妻が無業の世帯の妻)	Excel
60-2	世帯の家族類型，従業上の地位，従業者規模・職業・週間就業時間・週休制度・ふだんの片道の通勤時間（以上夫について），趣味・娯楽の種類別行動者率(夫が有業で妻が無業の世帯の妻)	Excel
61-1	世帯の家族類型，週間就業時間・雇用形態・週休制度・ふだんの片道の通勤時間（以上夫について），趣味・娯楽の種類別行動者数（夫が雇用されている人で妻が無業の世帯の妻）	Excel
61-2	世帯の家族類型，週間就業時間・雇用形態・週休制度・ふだんの片道の通勤時間（以上夫について），趣味・娯楽の種類別行動者率（夫が雇用されている人で妻が無業の世帯の妻）	Excel
62-1	男女，ふだんの就業状態，年齢・世帯の年間収入・自家用車の有無・単身世帯の区分，趣味・娯楽の種類別行動者数（単身世帯の世帯主）	Excel

平成13年社会生活基本調査（総務省統計局）

平成 23 年の一覧では見当たらなかった「夫が有業で妻が無業の世帯の妻」を集計対象とした表があることが分かる。お母さんは「夫が有業で妻が無業の世帯の妻」に当たるので、この集団の行動者率を相互に比較してみたい。そこで、平成 23 年の同様の表を探すために、e-Stat のキーワード検索を実行する。「夫が有業」、「妻が無業」、さらに絞り込みのために「趣味・娯楽」も加えて AND 検索してみる。

政府統計の総合窓口 (e-Stat)

　「調査票 A に基づく結果」「生活行動に関する結果」「生活行動編（全国）」「趣味・娯楽」とたどっていくと、次のような表示になる。

政府統計の総合窓口(e-Stat)

　52-2 表を開いてみると、「共働きか否か」の分類の 1 区分として、「夫が有業で妻が無業の世帯の妻」の行動者率が得られることが分かる（「総数」の行動者率を使用する。15.7％）。さらに、同じ表から「共働きの世帯の妻」の行動者率も分かる（16.5％）。

平成 23 年社会生活基本調査（総務省統計局）

一方、平成 13 年は、「夫が有業」「妻が有業」でキーワード検索すると、表示されるのは「ボランティア」と「旅行・行楽」のみで、「趣味・娯楽」に関する「共働きの世帯の妻」の集計は見つからない。

Aさんが関心を持っているクロスの行動者率の、2000 年代以降の時系列的な変遷について、過去の公表結果で確認できるのは以下の部分である。総じて減少傾向で、配偶関係・ふだんの就業状態別の行動者率は調査年によらず似た傾向にあることが分かる。

演芸・演劇・舞踊鑑賞（テレビ・DVDなどは除く）[8]の行動者率

	平成 23 年	平成 18 年	平成 13 年
女性で 50～54 歳で有配偶	19.3%	23.0%	27.5%
女性で 50～54 歳で有配偶　有業者	20.3%	22.4%	27.8%
女性で 50～54 歳で有配偶　無業者	16.5%	24.3%	26.7%
夫が有業で妻が無業の世帯の妻	15.7%	20.5%	21.1%
共働きの世帯の妻	16.5%	20.1%	?

社会生活基本調査（総務省統計局）

（2）匿名データの集計

共働き世帯の妻についても、3時点の傾向は同様なのかを検証するために、平成 13 年の「？」を集計したい。そこで、平成 13 年社会生活基本調査生活行動編の匿名データを用いて、平成 13 年の共働きの世帯の妻の行動者率（「？」と同じ内容のクロス）を集計しよう。

まず、共働きの世帯の妻を特定する条件を考える。匿名データの符号表に従って、共働きか否かの変数が符号「1」～「4」に該当するレコードを取り出すと、「夫婦のいる世帯の夫と妻及び夫婦と子供のいる世帯の在学中の子」のうち、共働き世帯に属する個人が特定できる。

---

[8] 平成 13 年は、演芸・演劇・舞踊鑑賞（テレビ等は除く）。

項目名	対象	符号	符号内容	備考
共働きか否か	夫婦のいる世帯の夫と妻及び夫婦と子供のいる世帯の在学中の子	1	夫が有業で妻も有業の世帯（共働き）	以下の2～4でない共働き世帯
		2	うち，共に雇用されている世帯	妻の就業時間が「決まっていない」又は「不詳」の「共に雇用されている世帯」
		3	妻が35時間未満	
		4	妻が35時間以上	
		5	夫が有業で妻が無業の世帯	
		6	夫が無業で妻が有業の世帯	
		7	夫が無業で妻も無業の世帯	
		V	不詳	
		△	対象外	

平成13年社会生活基本調査生活行動編（統計センター）

この中から妻を選ぶには、例えば、次のような条件が考えられる。

((世帯の家族類型1（12区分）=01、03、04、12のいずれか) AND (男女の別=02))

OR

((世帯の家族類型1（12区分）=02、05、06のいずれか) AND (末子の年齢=01～07のいずれか) AND (男女の別=02))

<参考>

項目名	対象	符号	符号内容	備考
男女の別		01	男	
		02	女	
末子の年齢	夫婦と子供のいる世帯の夫と妻	00	0歳	10歳以上は10歳（トップコーディング）
		01	1歳～ 2歳	
		02	3歳	
		03	4歳～ 5歳	
		04	6歳	
		05	7歳～ 8歳	
		06	9歳	
		07	10歳以上	
		△△	対象外	

平成13年社会生活基本調査生活行動編（統計センター）

このようにして、共働きの世帯の妻を特定すると、匿名データ中の 15,681 レコードが該当することが分かる。そして、「演芸・演劇・舞踊鑑賞（テレビ等は除く） 1年間にしたか」の変数を使って行動者率を計算する。この変数は、1年間に演芸・演劇・舞踊鑑賞（テレビ等は除く）をした場合に 1、しなかった場合に 0 の値が入っている。したがって、人口乗率を重みとした加重平均を計算することによって、行動者率を計算することができる。算出された行動者率は 23.6％となる。同様に、夫が有業で妻が無業の世帯の妻（匿名データ中、12,793 レコードが該当）の行動者率を算出すると、21.7％である。

（3）まとめ（結果の解釈）
統計表や匿名データから得られた行動者率を表にまとめる。

演芸・演劇・舞踊鑑賞（テレビ・ＤＶＤなどは除く）[9]の行動者率

	平成23年 （注1）	平成13年 （注1）	平成13年 （注2）
女性で50～54歳で有配偶	19.3％	27.5％	（未集計）
女性で50～54歳で有配偶　有業者	20.3％	27.8％	（未集計）
女性で50～54歳で有配偶　無業者	16.5％	26.7％	（未集計）
夫が有業で妻が無業の世帯の妻	15.7％	21.1％	21.7％
共働きの世帯の妻	16.5％	？	23.6％

（注1）は社会生活基本調査（総務省統計局）、（注2）は匿名データに基づく独自集計[10]

Aさんは、この結果をみて、無業の妻の方が時間的には余裕がありそうなのに、共働きの妻の方が行動者率が高いことに関心を持った。観劇するには実際に劇場まで足を運ぶ必要がある、ということから、就業状態よりも子供の有無の影響が大きいかも知れない、と仮説を立てている。

---

[9] 平成13年は、演芸・演劇・舞踊鑑賞（テレビ等は除く）。
[10] 統計法に基づいて、独立行政法人統計センターから「社会生活基本調査」（総務省）の匿名データの提供を受け、独自に作成・加工した統計であり、総務省が作成・公表している統計等とは異なる。

【分析結果から得られた推論】
　演芸・演劇・舞踊鑑賞に関する妻の行動特性は、妻自身の就業状態では説明できない。むしろ、子供の有無による影響の方が大きいのではないか。

（4）さらなる分析
　Aさんも指摘しているように、演芸・演劇・舞踊鑑賞行動に関しては、小さい子供の存在を考慮する必要があるだろう。同じテーマでさらに分析を深めるためには、例えば次のような集計案が考えられる。自分なりの仮説を立てて分析してみよう。

- 妻の年齢・就業状態、末子の年齢の相互関係をみるために、これらをクロスした表を作る
- 演芸・演劇・舞踊鑑賞（テレビ等は除く）を1年間にした頻度を考慮して集計を行う
- どの個人属性・世帯属性の影響が大きいのか、対数線形モデルを使って分析する

（5）補足
　夫が有業で妻が無業の世帯の妻の行動者率は、公表されている統計表では21.1％、匿名データに基づく集計では21.7％であった。この違いは2つの理由が考えられる。
　1つは、匿名データは約8割のリサンプリング・データであること、もう1つは、公表されている平成13年調査の統計表のうち夫・妻に関する集計は、人口乗率とは別の集計用乗率（世帯乗率と呼ばれる）を使用していることである[11]。いずれにしても、差の0.6％は十分小さい。

---

[11] 平成13年調査の集計事項一覧には、各統計表の集計に使用した集計用乗率の種類が記載されている。

第3部　その他の二次利用

<1　オーダーメード集計>

制度の概要

　オーダーメード集計とは、既存の統計調査で得られた調査票情報を活用して、調査実施機関等が申出者からの委託を受けて、そのオーダー（集計依頼）内容に基づいた新たな統計を集計・作成し、提供するものです。利用条件は、匿名データ提供と同様に、学術研究の発展又は高等教育の発展に資すると認められる場合であって、「学術研究又は高等教育の用に供することを直接の目的とするものであること」、「学術研究の成果又は高等教育の内容が公表され、社会に還元されること」と規定されています。

　匿名データの提供とは異なり、調査票情報に匿名化処理を行う必要がなく、また公式なデータ保管所外に調査票情報が持ち出されることが一切ないシステムなので、匿名データ提供より広範に調査結果の提供が行われています。最新の提供状況は総務省ＨＰの「『公的統計調査の調査票情報等の学術研究等への活用』について」等で確認してください。

　利用者側の準備で、匿名データの利用と最も大きく異なるのは、事前相談を行う時点で、すべての集計計画を作成しておく必要がある点です。申請の目的が「申請者がデータの提供を受けること」であり、「対象者が匿名データを利用するのにふさわしい資格・環境を備えているか否か」を中心に審査が行われる匿名データの利用申請とは異なり、オーダーメード集計申請は、提出された集計計画そのものが審査の対象となります。また、申請時に依頼した内容の集計が完了すれば集計業務契約は終了となり、集計結果を利用者が確認した後、付加的に集計を依頼することはできません（新規案件となります）。

　全調査票情報から所定の割合をリサンプリングしたデータしか扱えない匿名データ利用の場合と異なり、オーダーメード集計は保有される全調査票情報を対象に行われるため、報告書掲載表と同一内容の集計を行った表では、各セルの数値は報告書と完全に一致します。（ただし、該当件数が著しく少ない場合は秘匿処理が講じられ、正確な数値は伏せられます。）集計計画作成に際しては、例えば匿名データでは提供されない、詳細な地域区分を利用するなど、全調査票情報を使用できる利点を活用して計画を立案することが望ましいです。

　オーダーメード集計業務の担当部局は、匿名データ同様に各府省が独自に設定できます。（独）統計センターは、総務省管轄の統計だけでなく、他府省のオーダーメード集

計受託も担当しています。集計委託に際しては、匿名データ同様に手数料がかかります。
　ちなみに現在、一部の調査では匿名データ利用もオーダーメード集計依頼も可能になっていますが、これまで述べてきたとおり、オーダーメード集計と匿名データ提供では、利用できるデータ総量や集計計画の柔軟性が異なり、集計プログラムを開発するのが難しいからオーダーメード集計を依頼する、というような相互代替的な利用は想定されていません。

<u>利用の手続きについて</u>

　利用に際しては、
　　　①研究計画作成
　　　②利用相談
　　　③書類提出、手数料等納付
　　　④結果データ受領報告
という手続きが必要になります。
　また、提供窓口によって、オーダーメード集計の申請を受け付ける期間が限定されている場合があるので注意が必要です（例えば、財務省大臣官房総合政策課情報管理係が提供窓口となっている「法人企業景気予測調査」「年次別法人企業統計調査」は、2014年度の公表計画では4月と10月のそれぞれ1か月のみです）。また、年度末の一定の期間は提供業務を行わないところもありますので、計画の立案に入る前に、最新の提供予定をＨＰ等で必ず確認してください。

①研究計画作成
　ＨＰ掲載の様式を使用して、データ利用申出書を作成します。
　計画の作成に当たっては、匿名データ利用同様に「研究の公益性」「妥当な集計項目を使用しているか」「報告書に記載されている表と同一内容になっていないか」等に注意する必要があります。
　集計計画の様式や、依頼できる集計区分の設定条件等は申出先の機関によって異なりますので、使用を計画している統計調査の担当部局のＨＰや、各機関の発行する、委託による統計の作成等の「利用の手引」および「統計表作成仕様書の作成について」等の指示書を確認してください。
　※例として（独）統計センターが集計を受託している統計調査について記載しますと、

集計計画はHP掲載の「統計表作成仕様書」に基づいた形で記入することとなっており、表頭・表側・欄外にはそれぞれ3項目まで指定できます。また、「統計表イメージ確認プログラム」を使用して、集計表のイメージを視覚的に確認できます。

※「表頭」「表側」「欄外」について
　集計項目を表示させる位置を示す表現です。Excelの表イメージで説明すると、「表頭」は列方向の区分、「表側」は行方向の区分、「欄外」はシート別です。
　例として「曜日，男女，年齢，行動の種類別総平均時間」を「表頭：行動の種類　表側1：男女、表側2：年齢　欄外：曜日」で表記すると下図のようになります。

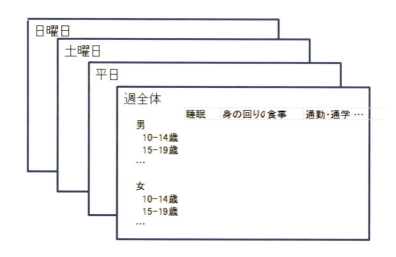

②利用相談
　立案した研究計画が実際に集計が可能かどうか、事前チェックを受けます。これも匿名データ利用と同様の手続きです。手数料の金額はこの段階で確定します。論文投稿の提出締切の都合など、成果物引渡し日程に希望がある場合、窓口にご相談ください。
　また、オーダーメード集計の制度は、「自分が立案した計画に基づく集計作業を、指定された機関に業務委託する」という形式を取っていますので、申請時には作業の請負契約書も必要になります。契約書の書式は公開されていますが、個別の項目の記載の仕方等が分からない場合は、この事前相談の段階で窓口の担当者に確認してください。

③書類提出、手数料納付
　事前の利用相談の結果を勘案し、依頼が決定した場合は、正式に書類提出を行い、提

示された手数料を納付します。
④結果データ受領
　成果物が完成し、集計済みデータを受領したら、提出した計画どおりの集計内容になっているかを確認してください。
　また、受領した成果物は、論文公表等が終わった後もきちんと保管してください。

<2　33条申請>

　集計方式に制限のあるオーダーメード集計や、全データを使用できない匿名データの利用では集計できない内容の集計を行いたい場合、いわゆる「33条申請」を行う必要があります。
　この申請が認められれば、すべての調査票データ・詳細区分を使用して自ら集計・分析を行うことができますが、申請に際しては、非常に高度な公益性や厳重なデータ管理環境が求められ、さらに申請の時点ですべての集計計画を提出する必要がある（申請書に記載されていない集計は行えません）など、利用者にとっては非常に負担の重い制度になっています。また、申請受理のつど、利用の可否の審議を行うことになりますので、申請時点でデータの受領予定を把握することはできません（審議の結果、申請が却下される可能性もあります）。
　33条申請に際し、オーダーメード集計や匿名データ利用の実績は、必須要件ではありません。しかし、厳格なセキュリティ管理下で大量データを扱うことになるため、匿名データの利用経験がある方が望ましいと考えられます。

オンサイト利用
　データの保管が困難な場合、オンサイト施設を利用して集計を行うことができます。これは、調査票情報の使用を情報セキュリティが確保された施設内に限定し、かつデータ利用者情報を厳重に管理することを前提として、所定の調査の全調査票情報を利用できる場所を設営しているもので、個人が所有するカメラ・USBメモリ等の記録媒体や、携帯電話等の通信機器の室内への持ち込み使用は一切できませんが、用意されたPCを使用して、抽出等の処理をされていない、全レコードを使用した集計を行うことができます。集計結果は、施設へ複写・提供の依頼を出すことで受領できます。
　利用には、当該調査を所管する行政機関等の承諾が必要です。所要の手続きは各行政機関へお問い合わせください。
　現在、オンサイト利用施設は以下の2か所にあります。
　・一橋大学国際共同研究センター　プロジェクト1室
　・大学共同利用機関法人情報・システム研究機構新領域融合研究センター　統計数理研究所・オンサイト解析室

参 考 資 料

- 匿名データ及びオーダーメード集計が利用できる統計一覧 .... 参考−2
- 匿名データ利用相談窓口一覧 .... 参考−8
- 匿名データを使用した分析例
（1）高齢者の年齢3階級別行動分析 .... 参考−10
（2）種目ごとの平均行動日数の比較 .... 参考−17
（3）家事・育児に費やす時間の分析 .... 参考−23
（4）趣味・娯楽への生活時間配分の分析（その1） .... 参考−32
（5）趣味・娯楽への生活時間配分の分析（その2） .... 参考−42

参考-2

匿名データ及びオーダーメード集計が利用できる統計一覧（2015年1月現在）

1　匿名データが利用できる統計

<u>総務省</u>

＜提供窓口＞
　　独立行政法人統計センター　統計情報・技術部　統計作成支援課 利用審査担当

＜提供対象＞
・国勢調査
　　2000年、2005年
・全国消費実態調査
　　1989年、1994年、1999年、2004年
・社会生活基本調査（生活時間編、生活行動編）
　　1991年、1996年、2001年、2006年
　　（2001年、2006年の生活時間編は調査票Aのみ）
・就業構造基本調査
　　1992年、1997年、2002年
・住宅・土地統計調査
　　1993年、1998年、2003年
・労働力調査
　　1989年1月～2010年12月
　　（基礎調査票のみ。月次調査だが、提供ファイルの編成区分は年次別）

<u>厚生労働省</u>

＜提供窓口＞
　　厚生労働省大臣官房統計情報部 企画課　審査解析室　匿名データ提供係

＜提供対象＞
・国民生活基礎調査

2001年、2004年、2007年

参考：擬似ミクロデータ
　　http://www.nstac.go.jp/services/giji-microdata.html

　本文 p.19 にも記載したとおり、統計センターでは、ミクロデータを用いた実証研究のプログラムテストや大学・高等学校等の授業で利用できるような「擬似ミクロデータ」の提供を行っています。現在は、全国消費実態調査（二人以上の世帯・勤労世帯）の平成16年調査結果に基づいて作成された擬似ミクロデータが、「大規模データ」（約3万2千レコード、197項目）と「簡易データ」（約8千レコード、25項目）の2種類提供されています。さらに、これを SAS、SPSS、R で読み込む場合のプログラム例も公開されています。

　擬似ミクロデータは、本調査とは異なる「擬似的なデータセット」ですが、利用は無償（利用申請をしてパスワードを受領すれば、ＨＰからダウンロードできます）ですので、大規模データの集計経験がない場合、集計の大まかな手順を把握するのに有用です。

　詳細は、統計センター　統計情報・技術部　統計作成支援課までお問い合わせください。

参考-4

2 オーダーメード集計が利用できる統計

<u>内閣府</u>
※利用する統計によって窓口が分かれている

＜提供窓口＞
　財務省大臣官房総合政策課　情報管理係
＜提供対象＞
・法人企業景気予測調査（財務省と共管）
　　2004年4－6月期以降の各調査期

＜提供窓口＞
　独立行政法人統計センター　統計情報・技術部　統計作成支援課 利用審査担当
＜提供対象＞
・企業行動に関するアンケート調査
　　2006年度～2013年度
・消費動向調査
　　2004年4月～2014年3月（月次調査）

<u>総務省</u>
＜提供窓口＞
　独立行政法人統計センター　統計情報・技術部　統計作成支援課 利用審査担当
＜提供対象＞
・国勢調査
　　1980年、1985年、1990年、1995年、2000年、2005年、2010年
・労働力調査
　　基礎調査票　1980年1月～2013年12月（月次調査）
　　特定調査票　2002年1月～2013年12月（月次調査）
・家計消費状況調査
　　2002年1月～2013年12月（月次調査）
・住宅・土地統計調査
　　1978年、1983年、1988年、1993年、1998年、2003年、2008年

- 就業構造基本調査
    1982年、1987年、1992年、1997年、2002年、2007年、2012年
- 社会生活基本調査（生活時間編、生活行動編）
    1981年、1986年、1991年、1996年、2001年、2006年、2011年
- 家計調査
    1981年1月～2013年12月（月次調査）
- 全国消費実態調査
    2004年、2009年

財務省
＜提供窓口＞
　　財務省大臣官房総合政策課　情報管理係
＜提供対象＞
- 法人企業景気予測調査（内閣府と共管）
    2004年4－6月期以降の各調査期
- 年次別法人企業統計調査
    1983年度以降の各調査年度

文部科学省
＜提供窓口＞
　　独立行政法人統計センター　統計情報・技術部　統計作成支援課　利用審査担当
＜提供対象＞
- 学校基本調査
    2008年度～2013年度（2011年度以降は、高等教育機関編のみ利用可能）

厚生労働省
※利用する統計によって窓口が分かれている

＜提供窓口＞
　　独立行政法人統計センター　統計情報・技術部　統計作成支援課　利用審査担当
＜提供対象＞
- 賃金構造基本統計調査

2006 年～2013 年

＜提供窓口＞
　厚生労働省大臣官房統計情報部 企画課　審査解析室　委託統計係
＜提供対象＞
・人口動態調査（出生票、死亡票）
　　2007 年～2011 年
・毎月勤労統計調査（特別調査）
　　2009 年～2013 年
・医療施設（静態）調査
　　2008 年、2011 年
・患者調査
　　2008 年、2011 年

農林水産省
＜提供窓口＞
　農林水産省大臣官房統計部　統計企画管理官　統計調整班
＜提供対象＞
・農林業センサス
　　2005 年、2010 年
・漁業センサス
　　2003 年、2008 年
・海面漁業生産統計調査
　　2007 年～2012 年
・木材統計調査（製材月別統計調査）
　　2011 年～2013 年（月次調査）
・農業経営統計調査
　　2008 年～2012 年

経済産業省
＜提供窓口＞
　経済産業省大臣官房調査統計グループ統計企画室　二次的利用担当係

＜提供対象＞
・経済産業省企業活動基本調査
　　2008 年調査（2007 年実績）～2012 年調査（2011 年実績）

国土交通省
＜提供窓口＞
　　独立行政法人統計センター　統計情報・技術部　統計作成支援課 利用審査担当
＜提供対象＞
・建築着工統計調査
　　2009 年 4 月～2014 年 3 月（月次調査）

日本銀行
＜提供窓口＞
　　日本銀行調査統計局　経済統計課　統計総務グループ
＜提供対象＞
・短観（全国企業短期経済観測調査）
　　2004 年 3 月調査以降の各調査回（受付時点に公表済みの最新調査まで）

匿名データ利用相談窓口一覧（2015年1月現在）

・独立行政法人　統計センター　統計情報・技術部　統計作成支援課 利用審査担当
　　所在地：〒162-8668　東京都新宿区若松町19－1　総務省第2庁舎
　　http://www.nstac.go.jp/services/anonymity.html

・一橋大学経済研究所附属社会科学統計情報研究センター　ミクロデータ分析セクション
　　所在地：〒186-8603　東京都国立市中2-1
　　http://rcisss.ier.hit-u.ac.jp/Japanese/micro/anonym03.html

・神戸大学大学院経済学研究科研究助成室　データ管理室担当
　　所在地：〒657-8501　兵庫県神戸市灘区六甲台町2-1
　　http://www.econ.kobe-u.ac.jp/kuma/satellite/anonymity.html

・法政大学日本統計研究所　ミクロ統計情報提供ユニット
　　所在地：〒194-0298　東京都町田市相原4342
　　http://www.hosei.ac.jp/toukei/micro/index.html

・情報・システム研究機構新領域融合研究センター　統計数理研究所オンサイト解析室
　　所在地：〒190-8562　東京都立川市緑町10-3
　　http://www.rois.ac.jp/tric/micro/index.html

匿名データを使用した分析例

分析事例(1)　高齢者の年齢3階級別行動分析[1]

1．分析テーマ

自由時間における生活行動(余暇)の状況を分析し、「高齢者」と言われる人々の行動特性を把握する。

2．背景

「高齢者」を何歳から指すかという明確に定義した法律はないが、一般的に65歳以上の人々を「高齢者」として扱われることが多い。しかし、「高齢者」という言葉の中には幅広い年齢が含まれ、65歳を超えて働き続ける人も多く、高齢者のライフスタイルは多様化している。そこで、もう少し具体的な年齢段階に分けて、年齢による違いを踏まえた高齢者の行動特性を把握してみる。

3．手順

高齢者の自由時間における生活行動の状況を確認するため、**社会生活基本調査の生活行動編の匿名データ**を用いて分析する。

※ここでは、平成13年調査を例に挙げる。

(1) 公表されている統計表を探す

政府統計の総合窓口(e-Stat)より、平成13年社会生活基本調査の生活行動編の自由時間における活動(余暇活動)に関する統計表の一覧を確認する。

社会生活基本調査では、自由時間における活動として、以下の6つの分野について調査している。それぞれの活動に関して、高齢者の行動者率を確認する。
まず、インターネット利用の状況(行動者率)と年齢がクロスされた表を探すと、主要統計表の第1表で確認することができる(次ページ参照)。

---

[1] 本節の内容は、別途記載がない限り、統計法に基づいて、独立行政法人統計センターから「社会生活基本調査」(総務省)の匿名データの提供を受け、独自に作成・加工した統計であり、総務省が作成・公表している統計等とは異なる。

行動の種類	公表統計表	公表されている年齢階級
①インターネット利用	主要統計表　第1表	いずれも、高齢者は以下の2区分でまとめられている。 「65～69歳」 「70歳以上」
②ボランティア活動	主要統計表　第2表	
③旅行・行楽	主要統計表　第3表	
④学習・研究	主要統計表　第4表	
⑤スポーツ	主要統計表　第5表	
⑥趣味・娯楽	主要統計表　第6表	

図1　平成13年統計表（抜粋）

e-Stat 政府統計の総合窓口

平成13年社会生活基本調査 > 生活行動に関する結果 > 主要統計表

各行にある Excel CSV PDF DB のボタンを押すと該当データが表示されます。

表番号	統計表	
1	男女,年齢,インターネットの利用の種類別行動者率(平均行動日数特掲)	Excel
2	男女,年齢,ボランティア活動の種類別行動者率(平均行動日数特掲)	Excel
3	男女,年齢,旅行・行楽の種類別行動者率	Excel
4	男女,年齢,学習・研究の種類別行動者率(平均行動日数特掲)	Excel
5	男女,年齢,スポーツの種類別行動者率(平均行動日数特掲)	Excel
6	男女,年齢,趣味・娯楽の種類別行動者率(平均行動日数特掲)	Excel
7	都道府県,インターネットの利用の種類別行動者率	Excel
8	都道府県,ボランティア活動の種類別行動者率	Excel
9	都道府県,旅行・行楽の種類別行動者率	Excel
10	都道府県,学習・研究の種類別行動者率	Excel

図2　公表統計表によるインターネット利用の状況（行動者率）

	A	B	C	D	E	F	G	H	I
1	第 1 表　男女，年齢，インターネットの利用の種類別行動者率（平均行動日数特掲）								
2								（％，日）	
3	男女 年齢	10歳以上 人　口 （千人）	行動者 総　数	利用の形態				（別掲） 商品やサービスの予約，購入，支払い等の利用	
4									
5				情報交換	情報発信	情報収集	その他		
6									
7									
8									
9	総数	113,095	46.4	39.5	5.6	32.4	14.0	10.1	
10	10～14歳	6,364	54.2	29.9	4.9	39.6	15.8	2.5	
11	15～19	7,317	77.2	67.3	9.2	50.6	24.5	8.4	
12	20～24	8,140	81.1	75.2	11.2	59.2	29.8	17.6	
13	25～29	9,635	78.8	73.3	10.1	56.7	29.7	21.9	
14	30～34	9,264	72.1	65.9	8.3	52.5	25.3	21.2	
15	35～39	7,954	66.9	59.5	8.6	49.9	22.8	19.6	
16	40～44	7,695	57.4	48.3	7.2	42.0	15.9	14.5	
17	45～49	8,439	46.1	37.2	5.4	33.2	10.9	9.8	
18	50～54	10,886	35.1	27.7	4.2	23.4	6.0	6.6	
19	55～59	8,209	25.8	20.7	3.3	15.9	3.4	4.4	
20	60～64	7,781	18.9	14.9	2.1	10.1	3.1	3.5	
21	65～69	7,117	11.4	8.8	1.3	5.2	1.5	2.0	
22	70歳以上	14,293	4.4	3.1	0.4	1.7	0.7	0.9	
23	平均行動日数	-	-	173.1	102.6	111.1	-	20.8	
24	男	55,084	51.5	43.5	7.6	38.3	13.6	11.8	
25	10～14歳	3,250	50.0	24.4	4.3	38.6	11.8	3.1	

図のように、主要統計表第1表では、高齢者については、年齢階級「65～69歳」「70歳以上」の2区分についての結果が公表されている。他5区分の活動についても同様の手順で掲載表を探す。6分野の活動について、公表されている結果をまとめると次のようになる。

表1　公表結果による行動者率

	65歳～69歳	70歳以上
①インターネット利用	11.4	4.4
②ボランティア活動	31.4	25.5
③旅行・行楽	76.8	61.5
④学習・研究	22.4	14.5
⑤スポーツ	60.9	46.6
⑥趣味・娯楽	78.9	65.7

これをグラフにすると以下のようになる。

図3　公表結果からみる主な行動者率

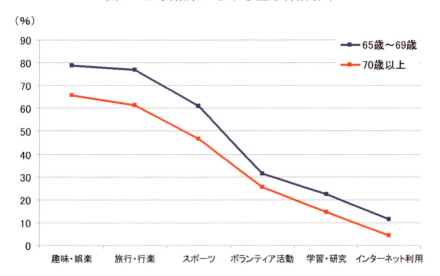

平成13年社会生活基本調査の年齢別集計結果を確認すると、公表された集計表で使用されている年齢区分は、69歳までの5歳階級および「70歳以上」を一括したものとなっている。2006年（平成18年）調査では上限が「75歳以上」であり、調査年によって公表結果の年齢区分は異なっているが、公表結果において「70歳以上」や「75歳以上」で区切る年齢区分は、集計用乗率の設定の際にも使用されているものであり、「70歳以上」や「75歳以上」をひとまとめにすること自体が問題となるわけではないが、ここで求める集計を行うには、この区分では不十分であると考えている。

そこで、統計法に基づく「公的統計の二次的利用制度」を利用して、2001年（平成13年）の社会生活基本調査の匿名データを用いて詳細に見ていく。

（2）匿名データの集計

次に平成13年社会生活基本調査生活行動編の匿名データを用いて、65歳以上の年齢段階別に行動者率を集計する。匿名データを用いることで「85歳以上」までの区分が使用できるため、高齢者を「65歳～74歳」「75歳～84歳」「85歳以上」の3区分に細分化することができ、より年齢実態に適した分析をすることが可能となった。

図4　符号表（抜粋）

	1	2	3	4	5	6	7
1	統計調査名	平成13年社会生活基本調査		作成日	2009/3/9		
2	調査票名	社会生活基本調査行動編		訂正日	2009/8/6		
3				(備考・補足)			
4				「△」はブランク（空白）を示す。			
5							
6	項目名	階層	繰返し	対象	符号	符号内容	備考
16					△△	対象外	
17	地域	1					
18	3大都市圏か否か	2			1	3大都市圏	
19					0	その他	
20	世帯員情報	1					
21	男女の別	2			01	男	
22					02	女	
23	世帯主との続柄	2			01	世帯主	
24					02	世帯主の配偶者	
25					03	子	
26					04	子の配偶者	
27					05	孫	
28					06	世帯主の父母	
29					07	世帯主の配偶者の父母	
30					08	祖父母	
31					09	兄弟姉妹	
32					10	その他	
33	年齢	2			01	10〜14歳	85歳以上は85歳（トップコーディング）
34					02	15〜19歳	
35					03	20〜24歳	
36					04	25〜29歳	
37					05	30〜34歳	
38					06	35〜39歳	
39					07	40〜44歳	
40					08	45〜49歳	
41					09	50〜54歳	
42					10	55〜59歳	
43					11	60〜64歳	
44					12	65〜69歳	
45					13	70〜74歳	
46					14	75〜79歳	
47					15	80〜84歳	
48					16	85歳以上	
49	配偶者の有無	2			01	未婚	
50					02	配偶者あり	
51					03	死別・離別	

平成13年社会生活基本調査生活行動編（統計センター）

匿名データを集計した結果は、図5のとおりである。

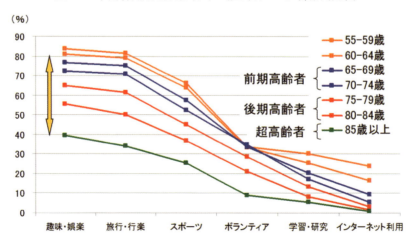

図5　年齢階級別行動者率（匿名データ集計結果）

分野により活動状況は異なるが、いずれの分野においても、年齢の上昇とともに行動者率が低くなることが分かる。特に、趣味・娯楽や旅行・行楽、スポーツ活動といった、移動を伴う行動や、体を動かすような積極的で動的な行動において、年齢が上昇するにつれて行動者率が単調に低下していくことが分かる。

　また、前期高齢者に当たる「65歳～69歳」「70歳～74歳」、後期高齢者に当たる「75歳～79歳」「80歳～84歳」は、それぞれ2つの階級が近づいているように見える。さらに、超高齢者に当たる「85歳以上」になると、1つ若い年齢階級の「80歳～84歳」と比べて、行動者率が大きく下がっており、ここに1つの区切りがあるように見える。

　以上のことから、高齢者を以下の年齢3階級に分けて、自由時間における活動6分野のうち、行動者率が最も大きかった「趣味・娯楽」について詳細な行動特性を見ていく。

前期高齢者	65歳～74歳
後期高齢者	75歳～84歳
超高齢者	85歳以上

　平成13年調査では、趣味・娯楽に関する19種目について、活動の有無（しなかった／した）と活動頻度（この1年間に何日ぐらいしたか）を調査している。図6は、高齢者3区分別に集計した趣味・娯楽の種目別行動者率である。

図6　趣味・娯楽の種目別行動者率

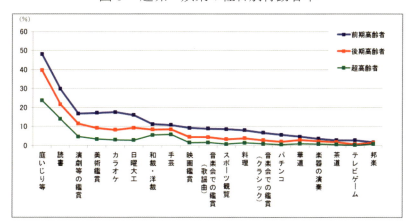

全体的に、いずれの年齢区分においても「庭いじり等」「読書」の行動者率が高くなっているが、室内や居住敷地内ででき、それほど費用もかからず、比較的手軽に行いやすい趣味・娯楽活動であると思われる。これに対して、「楽器の演奏」「華道」「茶道」の行動者率は低い。これらは技術と道具を要するためコストが掛かり、また日本の伝統的文化であることから敷居が高く、趣味として活動する人が限定されていると考えられる。

　高齢者3区分別に行動者率を見ていくと、「庭いじり等」「演劇等の鑑賞」「美術鑑賞」「カラオケ」「日曜大工」のように、移動を伴う外出行動や体を動かす行動において、前期高齢者と超高齢者との開きが大きいことが分かる。いずれの行動も、その目的のために現地へ赴く、体を動かし続けるといった積極的で動的な行動である。

（3）まとめ

　このように、高齢者3区分でみると趣味・娯楽の活動状況が異なっていた。65歳以上の高齢者について、匿名データの分析により公表結果からは見えなかった「年齢による活動状況の違い」があることが分かった。しかし、行動者率というのは1年間で1日だけ行動した人も、50日、100日行動した人も全て同じ「行動者」としてカウントされてしまうが、その活動規模は全く異なる。

　高齢者の活動状況をより詳細に把握するためには、活動規模（平均行動日数）という観点からの考察も必要である。

【分析結果のポイント】
　65歳以上の高齢者は、前期高齢者、後期高齢者、超高齢者へと年齢の上昇とともに、自由時間における活動の行動者率は低下していき、特に移動を伴うような動的な行動に対する活動状況が大きく異なる。

参考-17

分析事例（2） 種目ごとの平均行動日数の比較[2]

1．分析テーマ

高齢者の自由時間における活動状況をより詳細に把握するため、趣味・娯楽に関する活動規模について分析し、年齢3区分別の行動特性を考察する。

2．背景

分析事例（1）の行動者率の分析結果から、65歳以上の高齢者について「年齢による活動状況の違い」があることが分かった。しかし、行動者率は1年間で1日だけ行動しても、100日行動しても全て同じ「行動者」としてカウントされてしまうが、その活動規模は大きく異なる。

そこで発展的な分析として、趣味・娯楽の活動規模という観点から、高齢者の行動特定を考察する。

3．手順

趣味・娯楽に関する活動の規模を把握するため、社会生活基本調査の生活行動編の匿名データを用いて、平均行動日数や活動の種類を集計する。
※ここでは、分析事例（1）と同様に平成13年調査を例に挙げる。

（1）平均行動日数の集計

社会生活基本調査では、該当する活動を過去1年間にどの程度行ったか（活動の頻度）を下記のように区分して調査している。

- 年に1～4日
- 年に5～9日
- 年に10～19日（月に1日）
- 年に20～39日（月に2～3日）

---

[2] 本節の内容は、別途記載がない限り、統計法に基づいて、独立行政法人統計センターから「社会生活基本調査」（総務省）の匿名データの提供を受け、独自に作成・加工した統計であり、総務省が作成・公表している統計等とは異なる。

参考-18

- 年に 40～99 日（週に 1 日）
- 年に 100～199 日（週に 2～3 日）
- 年に 200 日以上（週に 4 日以上）

この項目を活用して、活動規模を捉える 1 つの指標として、匿名データから平均行動日数を集計することができる。

図 1　調査票 A における活動頻度の調査項目（抜粋）

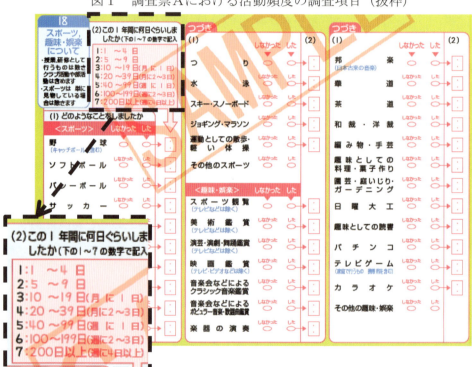

過去 1 年間の平均行動日数は、活動頻度別の行動者数に基づいて、次の式により算出した（図 2）。

$$\frac{\sum (\text{頻度階級の中央値} \times \text{頻度階級の行動者数})}{\sum (\text{頻度階級の行動者数})}$$

※「頻度階級の中央値」は以下のとおりである。

頻度階級	中央値
年に1～4日	2.5日
年に5～9日	7.0日
年に10～19日（月に1日）	14.5日
年に20～39日（月に2～3日）	29.5日
年に40～99日（週に1日）	69.5日
年に100～199日（週に2～3日）	149.5日
年に200日以上（週に4日以上）	282.5日

出典：「平成13年社会生活基本調査報告書」より

図2　趣味・娯楽の種目別活動規模

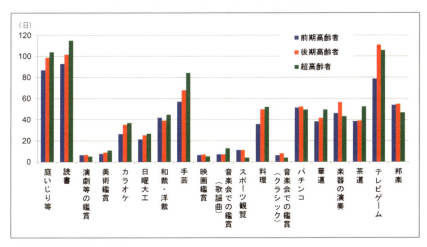

　全体的に、「演劇等の鑑賞」のように、移動を伴う行動の活動規模は小さいが、例えば、読書」、「庭いじり等」、「テレビゲーム」又は「手芸」といった、比較的単調な動きで、動の小さい静的な行動に関しては、年齢が上昇するとともに、行動に費やす日数は多くなる傾向が見えてきた。
　老年医学では、加齢とともに身体的機能の変化が著しくなり、特に歩行が困難になってくると言われている。後期高齢者、超高齢者になるにつれ、体が思うよう動かなくな

ってきても、室内で座って気軽に楽しめる趣味・娯楽活動が支持されているもと考えられる。

（2）行動者率と平均行動日数
　ここで、分析事例（1）の行動者率（図6）と、活動規模（図2）の関係を見るため、それぞれの集計結果を散布図に落としたものが図3である。
　X軸は活動規模を表す平均行動日数で、Y軸は行動者率である。

図3　趣味・娯楽の種目別活動規模

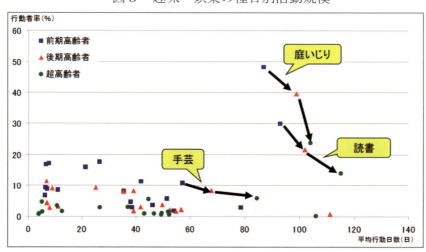

図3について、趣味・娯楽の種目ごとに高齢者3区分を結んでみていくと、次のような傾向が確認できた。

○　いずれの行動も、年齢の上昇とともに行動者率は低下していく（下向きに移動）
○　「演劇等の鑑賞」といった移動を伴う活動は、前期高齢者において行動者率が高いが、その活動規模は高齢者3区分で差がない（左下に集約）
○　年齢の上昇とともに、「庭いじり等」、「読書」、「手芸」といった静的な行動の活動規模が大きくなる（右下へ移動）

（3）行動種目数
　さらに、高齢者の行動に対するアプローチを確認するため、趣味・娯楽の19種目に関して、1年間に何種類の活動を行っているかをカウントしたものが図4である。

前期高齢者の若い世代では、4種類及び5種類以上を合わせると4割近くに上り、特に女性で顕著であった。複数種類の活動へのアプローチという状況から、前期高齢者は多趣味で、活動的といった状況が窺える。一方、超高齢者では、1種類の活動が約半数を占めており、一つの事にじっくり取り組む静的な活動状況が見えてきた。

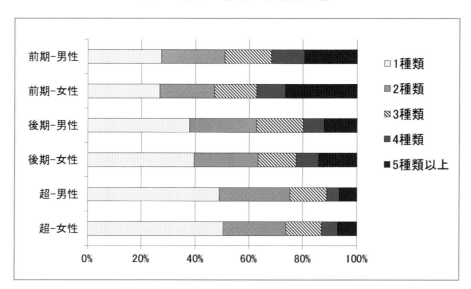

図4　趣味・娯楽の行動種目数

（4）まとめ

このように、高齢者を年齢3区分に分けて集計することで、年齢による行動特性の違いが見られた（表1）。すなわち、前期高齢者から後期高齢者、さらに、超高齢者へと年齢が上昇するとともに、行動範囲は「外から内へ」、行動の多寡は「多から少へ」というような行動特性をとるようになり、「動から静へ」という高齢者像の違いを捉えることができた（表1）。

表1 高齢者の趣味・娯楽に関する行動特性

	行動特性	イメージ
前期高齢者	○動的な行動をするが、活動規模は小さい ○動的な行動の種類は、男女で異なる ○複数の活動を行う(特に女性)	活動的、多趣味 活発な高齢者
後期高齢者	○動的な行動を行う一定の層が存在 ○室内でできる活動の規模が前期より大きくなる	超高齢への移行期 活動範囲が「外から内」へ （例：孫との交流）
超高齢者	○活動範囲はせまく、静的な行動をする ○静的な行動の活動規模が大きい ○活動の種類は少ない（1～2種類）	1つの事にじっくりと取り組む 平静な生活

ただし、自由時間における3次活動の6分野について、いずれの活動もしていない人は、前期高齢者で1割弱、後期高齢者で2割強、超高齢者では約4割が存在している。今回の分析対象とした趣味・娯楽の種目の中には、室内でのテレビ鑑賞が含まれていないため、生活行動編データからは、自由時間における活動として「一日中テレビを見ている人」を検出することができない。

この状況を捉えるために、食事などの1次活動、仕事や家事などの2次活動との関係、介護状況なども含めて考察する必要があり、今後のさらなる分析へとつなげる。

【分析結果のポイント】
　加齢による身体的機能の低下（筋力などの体力低下、骨・関節などの障害、視力・聴力の低下など）に伴った行動をとることが、匿名データを用いて、趣味・娯楽という切り口から、その様相を概観することができた。

参考-23

分析事例（3） 家事・育児に費やす時間の分析[3]

1．分析テーマ

> 小さな子供のいる世帯の夫婦が家事・育児に費やしている時間について、「共働きか否か」、「世帯の家族類型」（子供や親と世帯を共にしているか等）、「末子の年齢」といった分類別のクロス集計を行い、行動者平均時間を比較する。世帯を共にしている親の家事・育児の参加状況についても把握する。

2．背景

家事・育児に費やす時間は、一般的に、夫と妻との間でかなりの差がある。共働き世帯では、妻も夫同様に仕事をしているが、夫も妻同様に家事・育児を行っているだろうか、という疑問から、共働きか否か別に、夫と妻それぞれの家事・育児の行動者平均時間を把握してみる。また、（夫又は妻の）親と同居していることにより、家事・育児の負担が世帯内で分散されているのかどうかについても把握してみる。

3．手順

小さな子供のいる世帯の夫婦がそれぞれ家事・育児に費やす平均時間を確認するため、**社会生活基本調査の生活時間編の匿名データ**を用いて分析する。

※ここでは、平成13年調査を例に挙げる。

（1）公表されている統計表を探す

政府統計の総合窓口（e-Stat）より、平成13年社会生活基本調査の生活時間編の全国結果を確認する。

社会生活基本調査の生活時間編では、行動の種類別に、15分単位で1日の行動を調査している。ここでは、行動の種類が「家事」及び「育児」について、「共働きか否か」、「世帯の家族類型」、「末子の年齢」などの分類項目がクロス集計された統計表があるか

---

[3] 本節の内容は、別途記載がない限り、統計法に基づいて、独立行政法人統計センターから「社会生活基本調査」（総務省）の匿名データの提供を受け、独自に作成・加工した統計であり、総務省が作成・公表している統計等とは異なる。

参考-24

を探す。統計表を探すときは、統計局ホームページの平成13年社会生活基本調査の「調査の結果」ページより（http://www.stat.go.jp/data/shakai/2001/h13kekka.htm）、集計事項一覧を参照すると便利である。

図1　平成13年社会生活基本調査　集計事項一覧　生活時間（全国）

平成13年社会生活基本調査生活時間編　集計事項一覧（総務省統計局）

「世帯の家族類型」、「共働きか否か」、「子供の年齢」がクロスされた表を探す。目的の統計表そのものはないが、近いものに報告書掲載表第14表、報告書非掲載表第16表、17表などが確認できる。ここでは、報告書非掲載表第16表の統計表を確認してみる（下記参照）。

主な分類事項	公表統計表	備考
ふだんの就業状態 世帯の家族類型 末子の年齢	報告書掲載　　第14表 報告書非掲載　第16表	「共働きか否か」がない。
世帯の家族類型 共働きか否か 末子の教育	報告書非掲載　第17表	集計対象が、「末子が10歳以上で在学者の世帯の夫・妻」であるため、育児の負担が他と比べて大きい、10歳未満の子供のいる世帯をとらえられない。

図２　平成 13 年統計表（抜粋）

e-Stat 政府統計の総合窓口

平成13年社会生活基本調査 ＞ 生活時間に関する結果 ＞ 全国 ＞ 報告書掲載表

各行にある Excel CSV PDF DB のボタンを押すと該当データが表示されます。

DB

表番号	統計表	
1-1	曜日，男女，ふだんの就業状態，年齢，行動の種類別総平均時間，行動者平均時間及び行動者率	
	週全体	Excel
	平日	Excel
	土曜日	Excel
	日曜日	Excel
	…就業状態，行動の種類別総平均時間，行動者平均時間及び行動者率（親のいる…	
	週全体	Excel
14	曜日，ふだんの就業状態，従業上の地位，世帯の家族類型，末子の年齢・6歳未満の子供の有無・人数・通園状況・6歳未満の子供の保育の状況・6～9歳の子供の保育の状況，行動の種類別総平均時間，行動者平均時間及び行動者率（子供のいる世帯の夫・妻）（曜日は「週全体」，就業状態，従業上の地位は「総数」，「有業者」，「無業者」を掲載）	
	週全体 － 総数	Excel
	週全体 － 有業者	Excel
	週全体 － 無業者	Excel
15	曜日，男女，世帯の家族類型・子供の親が共働きか否か，教育，行動の種類別総平均時間，行動者平均時間及び行動者率（子供のうち在学者）	Excel

e-Stat 政府統計の総合窓口

平成13年社会生活基本調査 ＞ 生活時間に関する結果 ＞ 全国 ＞ 報告書非掲載表

各行にある Excel CSV PDF DB のボタンを押すと該当データが表示されます。

DB

表番号	統計表	
1	曜日，行動の種類，男女，ふだんの就業状態，年齢，行動の時間階級別行動者数及び行動者構成比	
	平日 － 睡眠	Excel
	平日 － 身の回りの用事	Excel
	平日 － 食事	Excel
		Excel
15	…平均時間，行動者平均時間及び行動者率（親のいる世帯の夫・妻）	
16	曜日，ふだんの就業状態，従業上の地位，世帯の家族類型，末子の年齢・6歳未満の子供の有無・人数・通園状況・6歳未満の子供の保育の状況・6～9歳の子供の保育の状況，行動の種類別総平均時間，行動者平均時間及び行動者率（子供のいる世帯の夫・妻）	
	週全体 － 雇用されている人	Excel
	週全体 － 自営業主	Excel
	平日 － 総数	Excel
	平日 － 有業者	Excel
	平日 － 雇用されている人	Excel
	平日 － 自営業主	Excel
	平日 － 無業者	Excel

図3 公表統計表による家事・育児の状況（行動者平均時間）（単位：時間.分）

							第16表 曜日，ふだんの就業状態，従業上の地位，世帯の家族類型，末子の年齢・6歳														
							6～9歳の子供の保育の状況，行動の種類別総平均時間，行動者平均時間														
							Table 16. Average Time Spent on Activities for All Persons, Average Time Spent on Activities for														
							Usual Economic Activity, Employment Status, Family Type of Household, Age of Own Younges														
							School Attendance, Nurse of Own Child(ren) under Age 6 and Nurse of Own Child(ren) Age														
平日		有業者			夫婦と子供の世帯																
Weekday		Working			Household of a couple with their child(ren)																
	夫		・		妻	15歳以上人口(1000)	行　動　の　種　類														
	末子	の	年齢				睡眠	身の回りの用事	食事	通勤・通学	仕事	学業	家事	介護・看護	育児	買い物						
	6歳未満の子供の有無・人数・通園状況																					
	6歳未満の子供の保育の状況					Population 15 years and over	Sleep	Personal care	Meals	a)	Work	School-work	House-work	Caring or nursing	Child care	Shopping						
	6～9歳の子供の保育の状況																					
夫	【行動者平均時間】				(15)	13,608	7.19	1.01	1.33	1.22	9.22	2.59	1.0	1.47	1.17	1.01						
	(末子の年齢)																					
	0			歳	(16)	854	7.18	1.01	1.24	1.13	10.01	1.30	0.5	1.57	1.31	1.03						
	1	～	2	歳	(17)	1,817	7.19	1.00	1.26	1.18	9.55	5.55	0.5	0.55	1.17	1.03						
	3	～	5	歳	(18)	1,866	7.10	0.59	1.28	1.19	9.58		0.5	1.48	1.07	1.02						
	6	～	8	歳	(19)	1,298	7.10	1.00	1.25	1.25	9.55		0.5	3.20	0.50	0.55						
	9	～	11	歳	(20)	1,183	7.09	1.01	1.28	1.21	9.42	0.30	1.0	1.22	1.05	1.09						
	12	～	14	歳	(21)	1,214	7.15	1.00	1.30	1.20	8.31	3.42	1.0	1.10	0.26	1.02						
	15	～	17	歳	(22)	1,220	7.10	1.02	1.33	1.26	9.25	1.23	1.0	1.05	0.41	0.54						
	18	歳	以	上	(23)	4,557	7.32	1.03	1.43	1.25	8.31	1.36	1.2	1.45	1.23	1.03						
	(再掲)																					
	3	歳	未	満	(24)	2,471	7.19	1.00	1.25	1.16	9.58	4.46	1.0	1.14	1.22	1.03						
	3	歳	未	満	(25)	1,187	7.10	1.00	1.28	1.18	9.55		0.5	1.48	1.16	1.01						
	6	～	9	歳	(26)	1,704	7.09	1.00	1.29	1.24	9.49		0.5	3.03	0.58	0.56						
	10	～	14	歳	(27)	1,991	7.14	1.00	1.30	1.20	9.38	2.06	1.1	1.04	0.41	1.07						
	15	歳	以	上	(28)	5,776	7.27	1.03	1.41	1.25	8.42	1.26	1.1	1.44	1.23	1.01						

　図2のように、報告書非掲載表第16表では、「世帯の家族類型」別、「末子の年齢」別の結果が公表されている。クロスされている項目数が多く、ファイルが複数に分かれているので、ここでは「平日－有業者」のファイルをみる。ファイルを開くと、世帯の家族類型別にシートが分かれている。ここで、末子の年齢が「3歳未満」について、世帯の家族類型別に行動の種類の「家事」、「育児」の結果をまとめると次のようになる。

表1　公表結果による行動者平均時間（平日－有業者）

	世帯の家族類型	家事	育児	合計
夫	夫婦と子供	1h00m	1h22m	2h22m
	夫婦、子供とひとり親	0h46m	1h25m	2h11m
	夫婦、子供と両親	0h30m	1h25m	1h55m
妻	夫婦と子供	2h56m	3h19m	6h15m
	夫婦、子供とひとり親	3h23m	3h31m	6h54m
	夫婦、子供と両親	2h50m	3h21m	6h11m

これをグラフにすると次のようになる。

図4　公表結果からみる主な行動者平均時間（分換算）
（平日　有業者　末子の年齢3歳未満）

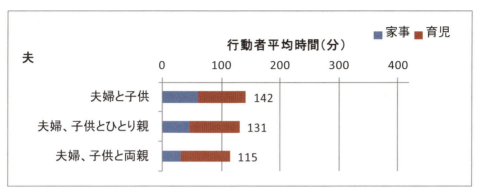

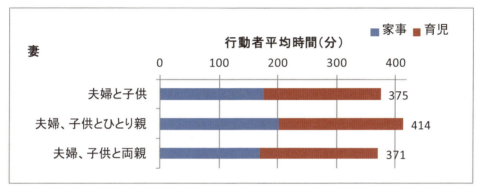

　平成13年社会生活基本調査の集計結果を確認すると、「世帯の家族類型」、「共働きか否か」、「末子の年齢」3項目すべてのクロス結果表はなかった。公表された集計表では報告書掲載表第14表（報告書非掲載表第16表）の「世帯の家族類型」、「末子の年齢」のクロス、報告書非掲載表第17表の「世帯の家族類型」、「共働きか否か」、「末子の教育」のクロスがある。前者は、「共働きか否か」の別がない。後者は、子供に関する分類事項が「末子の教育」であり、これは10歳以上の在学者が対象となっていることから、育児の負担がより大きいと考えられる10歳未満の子供のいる世帯をとらえることができない。また、これらの統計表では、有業者の分類がパートタイム労働も含んだ項目のみのため、妻がフルタイム労働に近い世帯のみの状況も把握できない。

（2）匿名データの集計
　次に、平成13年社会生活基本調査生活時間編の匿名データを用いて、世帯の家族類型別に共働き世帯、夫のみ有業の世帯の行動者平均時間を集計する。育児の負担が大き

参考-28

いと考えられる、3歳以下の子供のいる世帯を集計対象とする。匿名データを用いることで「共働きか否か」、「世帯の家族類型」（親と同一世帯か否か）、「末子の年齢」のクロスの集計結果を集計することができ、より詳細な分析をすることが可能となる。

図5　符号表（抜粋）

行番号	項目名	階層	位置	項目番号	バイト数	繰返し	配置	型	小数点	種別	対象	符号	符号内容	備考
301	世帯の家族類型1(12区分)	4	207	68	2							01	夫婦のみの世帯	
302												02	夫婦と子供の世帯	
303												03	夫婦と両親の世帯	
304												04	夫婦とひとり親の世帯	
305												05	夫婦,子供と両親の世帯	
306												06	夫婦,子供とひとり親の世帯	
307												07	父子世帯	
308												08	母子世帯	
309												09	有配偶のひとり親と子供の世帯	
310												10	単身世帯	
311												11	その他の世帯	
312												12	高齢者夫婦世帯	
314	共働きか否か	3	210	69	1						夫婦のいる世帯の夫と妻及び夫婦と子供のいる世帯の在学中の子	1	夫が有業で妻も有業の世帯（共働き）	以下の2～4でない共働き世帯
315													2	うち,共に雇用されている世帯	妻の就業時間が「決まっていない」又は「不詳」の「共に雇用されている世帯」
316													3	妻が35時間未満	
317													4	妻が35時間以上	
318													5	夫が有業で妻が無業の世帯	
319													6	夫が無業で妻が有業の世帯	
320													7	夫が無業で妻も無業の世帯	
321													V	不詳	
322													△	対象外	
334	末子の年齢	3	214	71	2						夫婦と子供のいる世帯の夫と妻	00	0歳	10歳以上は10歳（トップコーディング）
335													01	1歳～ 2歳	
336													02	3歳	
337													03	4歳～ 5歳	
338													04	6歳	
339													05	7歳～ 8歳	
340													06	9歳	
341													07	10歳以上	
342													△△	対象外	

平成13年社会生活基本調査生活時間編（統計センター）

匿名データを集計した結果は、図表のとおりである。

図6　家事・育児の行動者平均時間
（共働きか否か、世帯の家族類型別—末子の年齢0〜3歳、平日）

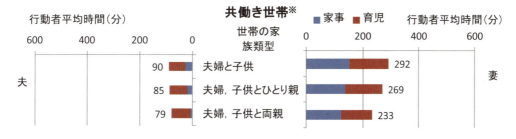

※うち、共に雇用され、妻の就業時間が週35時間以上の世帯

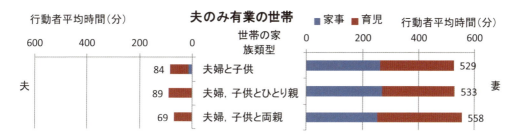

「共働き世帯」及び「夫のみ有業の世帯」の家事・育児の行動者平均時間を夫、妻ごとに集計した。育児の負担が大きい、3歳以下の子供のいる世帯を対象とし、共働き世帯については、共に雇用され、妻の就業時間が週35時間以上の世帯に絞った。曜日は、平日のみの集計とした。

全体として、夫の家事・育児の行動者平均時間は妻と比べて大幅に短く、妻については、家事、育児に費やす時間が共働き世帯よりも夫のみ有業の世帯のほうが大幅に長い。

共働き世帯の妻の家事・育児の行動者平均時間は、「夫婦と子供の世帯」で292分、「夫婦、子供とひとり親」の世帯で269分、「夫婦、子供と両親の世帯」で233分となっており、親と世帯を共にしている世帯のほうが、妻の家事・育児時間が短いことが分かる。

夫のみ有業の世帯の妻の家事・育児の行動者平均時間については、親と同一世帯であることによる家事・育児の時間的軽減はみられない。

以上のことから、共働きの妻の家事・育児時間においては、同一世帯内の親の存在が影響をしていると考えられる。そこで、次に、世帯を共にする親の家事・育児時間について分析する。

表2は、「共働きか否」か別に集計した親の家事・育児の行動者率、行動者平均時間であり、図7は、行動者時間の分布を箱ひげ図で表したものである。ここでは、末子の年齢を10歳未満とし、平日について集計した。

表2　親の家事・育児の行動者率、行動者平均時間（「共働きか否か」別、平日）

共働きか否か	属性	行動者率（％）	行動者平均時間（分）
共働き（共に雇用され、妻の就業時間が週35時間以上）	父親	27.3	120.0
	母親	91.9	303.6
夫のみ有業	父親	16.6	112.2
	母親	78.2	219.8

図7　親の家事・育児の行動者時間分布（「共働きか否か」別、平日）

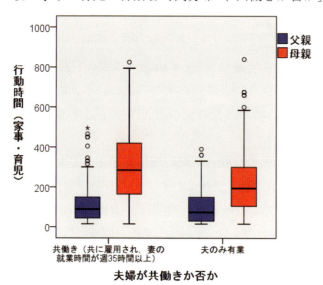

共働き世帯のうち、夫婦ともに雇用されている世帯で、妻の就業時間が週35時間以上の世帯の母親の家事・育児の行動者率は91.9％、行動者平均時間は303.6分となり、夫のみ有業の世帯の母親の78.2％、219.8分と比べて高い。

父親についてみると、共働きか否かの別で母親ほどの違いは見られないが、共働き世帯のうち夫婦ともに雇用されている世帯で、妻の就業時間が週35時間以上の世帯の行動者率は27.3%、行動者平均時間は120.0分と、夫のみ有業の世帯の16.6%、112.2分より高い。

（3）まとめ

公表結果のみでは、目的とする詳細なクロス集計は得られなかったが、匿名データの利用により、共働き世帯（妻の就業時間が週35時間以上）の妻の家事・育児に費やす時間について、世帯の家族類型による違いを把握することができた。また、同一世帯の親の行動についても夫婦の世帯属性別に把握することができた。

さらなる分析としては、親の年齢による差異、各世帯員が家事・育児を行う時間帯の重なり度合いなどが考えられる。

【分析結果のポイント】

小さな子供のいる世帯（末子が10歳未満）において、親と世帯を共にしている場合のほうが、共働き世帯（妻の就業時間が週35時間以上）の妻の家事・育児の行動者平均時間が短い。また、世帯を共にする親の家事・育児の参加状況（末子が9歳以下）を分析したところ、共働き世帯の親のほうが、行動者率、行動者平均時間共に高い。

分析事例(4)　趣味・娯楽への生活時間配分の分析(その1)[4]

1．分析テーマ

ふだんの就業状態による趣味・娯楽活動への時間配分の相違を分析する。

2．背景

趣味・娯楽活動について、有業者（主に仕事）と無業者の行動者率には、ほぼ2倍の違いがある。その一方で、行動者平均時間には、あまり大きな差はない。そこで、行動者率、行動者平均時間に加えて、活動に当てる時間帯、回数、活動継続時間の長さの観点から分析する。

3．手順

趣味・娯楽への生活時間配分の状況を確認するため、**社会生活基本調査の生活時間編の匿名データ**を用いて分析する。

※ここでは、平成13年調査を例に挙げる。

(1) 公表されている統計表を探す

政府統計の総合窓口（e-Stat）より、平成13年社会生活基本調査の生活時間編の趣味・娯楽の行動者率及び行動者平均時間に関する統計表の一覧を確認する。e-Statトップページの「統計データを探す」－「主要な統計から探す」から順にたどって、「教育・文化・スポーツ・生活」のグループから「社会生活基本調査」をクリックすると、提供年次ごとの一覧が表示される。トップページの「キーワード検索」を使って、直接、「平成13年社会生活基本調査」を検索してもよい。

---

[4] 本節の内容は、別途記載がない限り、統計法に基づいて、独立行政法人統計センターから「社会生活基本調査」（総務省）の匿名データの提供を受け、独自に作成・加工した統計であり、総務省が作成・公表している統計等とは異なる。

図 1　平成 13 年統計表（抜粋）

出典：政府統計の総合窓口（e-Stat）

　平成 13 年調査は平成 13 年 10 月 20 日現在で行われた。ただし、生活時間については、10 月 13 日（土）から 10 月 21 日（日）までの 9 日間のうち、調査区ごとに指定した連続する 2 日間について調査された。「生活時間編」においては、調査日に当該行動（本研究では、趣味・娯楽活動）をした人を行動者と呼び、その数を行動者数という。また、人口に対する行動者数の割合を行動者率という。

　行動の種類が「趣味・娯楽」について「ふだんの就業状態」別の行動者率及び行動者平均時間を探すと、例えば、生活時間に関する結果の全国集計に関する「報告書掲載　第 1 － 1 表　曜日，男女，ふだんの就業状態，年齢，行動の種類別総平均時間，行動者平均時間及び行動者率」がある。

図2－1　曜日，男女，ふだんの就業状態，年齢，行動の種類別行動者率（抜粋）

Table 1-1. Average Time and Rate in Activities by Day of the Week, Sex, Usual Economic Activity and Age-Con...

平日　Weekday　　総数　Both sexes

ふだんの就業状態／年齢			テレビ・ラジオ・新聞・雑誌 b)	休養・くつろぎ Rest and relaxation	学習・研究（学業以外） c)	趣味・娯楽 Hobbies and amusements	スポーツ Sports	ボランティア活動・社会参加活動 d)	交際・付き合い Social life	受診・療養 e)	その他 Other activities
【行動者率】											
主に仕事		(143)	74.9	66.5	5.8	16.5	5.9	1.4	11.9	3.5	12.5
15	～	19 歳 (144)	67.1	71.5	4.7	21.7	2.5	0.8	24.4	2.7	8.8
20	～	24 歳 (145)	66.3	68.1	5.5	22.0	4.6	0.6	20.7	1.7	10.2
25	～	29 歳 (146)	67.1	66.8	6.3	20.7	4.8	0.8	15.3	2.5	10.2
30	～	34 歳 (147)	68.8	65.0	5.3	18.8	4.1	0.9	10.3	2.7	10.7
35	～	39 歳 (148)	68.0	66.3	6.4	15.4	5.6	1.5	8.5	3.0	11.4
40	～	44 歳 (149)	74.0	65.0	5.6	14.7	5.5	1.3	9.7	3.1	13.1
45	～	49 歳 (150)	76.2	66.3	5.8	14.2	5.2	1.3	10.4	2.7	13.3
50	～	54 歳 (151)	80.3	65.4	5.0	13.7	6.6	1.5	10.3	3.4	12.9
55	～	59 歳 (152)	83.6	65.3	4.4	13.1	7.2	1.4	10.7	4.7	13.5
60	～	64 歳 (153)	86.3	67.7	6.1	15.8	9.1	2.1	11.8	4.8	17.4
65	～	69 歳 (154)	86.7	67.9	6.0	15.9	9.6	2.1	10.9	6.6	16.4
70	～	74 歳 (155)	87.9	75.0	6.0	15.1	8.9	4.6	10.5	10.4	18.2
75	～	79 歳 (156)	88.0	66.9	6.0	14.6	8.3	3.0	9.2	11.5	13.8
80	～	84 歳 (157)	88.0	75.1	4.5	15.2	7.5	5.8	12.4	12.1	10.1
85 歳以上		(158)	89.4	82.4	7.3	15.8	5.3	-	7.1	8.7	8.9
（再掲）											
65 歳以上		(159)	87.3	70.2	6.0	15.5	9.1	3.0	10.6	8.5	16.3

出典：総務省「平成 13 年社会生活基本調査」

図2－2　曜日，男女，ふだんの就業状態，年齢，行動の種類別行動者平均時間（抜粋）

Table 1-1. Average Time and Rate in Activities by Day of the Week, Sex, Usual Economic Activity and Age-Con...

平日　Weekday　　総数　Both sexes

ふだんの就業状態／年齢			テレビ・ラジオ・新聞・雑誌 b)	休養・くつろぎ Rest and relaxation	学習・研究（学業以外） c)	趣味・娯楽 Hobbies and amusements	スポーツ Sports	ボランティア活動・社会参加活動 d)	交際・付き合い Social life	受診・療養 e)	その他 Other activities
【行動者平均時間】											
主に仕事		(126)	2.26	1.32	1.55	2.16	1.33	2.28	2.35	1.51	1.09
15	～	19 歳 (127)	2.50	1.51	1.35	2.31	1.08	1.45	2.58	1.12	1.13
20	～	24 歳 (128)	2.28	1.38	2.04	2.37	1.33	2.20	3.01	1.49	1.18
25	～	29 歳 (129)	2.20	1.34	2.05	2.26	1.42	2.16	2.29	2.24	1.07
30	～	34 歳 (130)	2.14	1.28	1.55	2.14	1.38	3.09	2.29	1.40	1.09
35	～	39 歳 (131)	2.08	1.29	1.58	2.00	1.34	2.40	2.29	1.46	0.53
40	～	44 歳 (132)	2.17	1.26	1.47	1.58	1.47	2.15	2.32	1.43	1.06
45	～	49 歳 (133)	2.18	1.30	1.49	2.14	1.28	2.08	2.39	1.50	1.05
50	～	54 歳 (134)	2.24	1.27	1.49	2.15	1.33	2.12	2.28	1.58	1.10
55	～	59 歳 (135)	2.28	1.25	1.53	2.02	1.27	2.33	2.30	1.35	1.17
60	～	64 歳 (136)	2.45	1.31	1.46	2.08	1.35	2.29	2.11	1.59	1.12
65	～	69 歳 (137)	2.57	1.43	2.02	2.22	1.25	2.30	2.36	1.45	1.12
70	～	74 歳 (138)	3.20	1.57	1.52	2.27	1.12	2.24	2.23	1.48	1.11
75	～	79 歳 (139)	3.33	2.10	1.34	2.22	1.27	2.01	1.56	2.20	1.22
80	～	84 歳 (140)	3.51	2.32	3.01	2.29	1.47	2.33	2.03	2.41	1.48
85 歳以上		(141)	4.44	1.50	3.20	2.20	2.30	-	1.36	1.34	1.14
（再掲）											
65 歳以上		(142)	3.11	1.52	1.55	2.24	1.21	2.24	2.26	1.54	1.14

出典：総務省「平成 13 年社会生活基本調査」

公表されている結果をまとめると次のようになる。

表1　趣味・娯楽の行動者率及び行動者平均時間（平日）

	有業者（主に仕事）	無業者
行動者率	16.5%	32.1%
行動者平均時間	2時間16分	2時間41分

出典：総務省「平成13年社会生活基本調査」

続いて、趣味・娯楽活動を行う時間帯を調べる。今度は、e-Statから「時間帯別行動者率」の表を探す。ここでは、「有業者（主に仕事）」と「無業者」の区分が含まれている「報告書非掲載表　第1表　その日の行動の種類，曜日，ふだんの就業状態，男女，行動の種類，時間帯別行動者率（15歳以上人口）」を使う。平日の時間帯別行動者率をグラフにすると、次のようになる。時間帯は15分単位である。

図3　趣味・娯楽の時間帯別行動者率（平日）

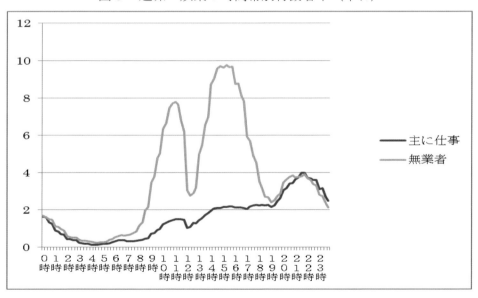

出典：総務省「平成13年社会生活基本調査」

時間帯別行動者率をみると、有業者（主に仕事）はいずれの時間帯も4％以下の低い値になっている。1日全体でみた行動者率16.5％は、15分単位の時間帯別行動者率とどのような関係にあるのだろうか。

一方、無業者は正午を挟んで2つの大きな山がある。同じ人が1日の中で2回に分けて活動しているのだろうか。それとも、午前に活動する人と午後に活動する人は別々なのだろうか。

上記の疑問点を踏まえて、次項では、統計法に基づく「公的統計の二次的利用制度」を利用して、平成13年社会生活基本調査の匿名データを用いて分析する。

（2）匿名データの集計

平成13年社会生活基本調査生活時間編の匿名データを用いて、趣味・娯楽活動に当てる時間帯、回数、活動継続時間の長さと、ふだんの就業状態等の関係を分析する。具体的には、15分単位の行動者率が1日を通して低いため、より長い時間にまとめて要約した集計や、1日の中での趣味・娯楽活動の回数と1回当り継続時間の集計を行う。

まず、行動者率を計算する際の時間帯の幅を変えた場合の影響について説明する。例えば、A～Eの5人の集団について、18時から30分間の行動者率を考える。Aは18:00から18:15まで趣味・娯楽活動を行い、次の15分の時間帯は活動しなかったとする。Bは、逆に、18:00から18:15までは活動せずに次の15分の時間帯で趣味・娯楽活動を行ったとする。残りの3人は、この時間には趣味・娯楽活動は行わなかったとする。15分単位の時間帯での行動者率をみると、18:00から18:15、18:15から18:30は、それぞれ20％となる。時間帯を18:00から18:30までの30分単位に拡大すると、行動者率は40％と計算される。

	18:00～18:15	18:15～18:30	18:00～18:30
個人A	○	－	○
個人B	－	○	○
個人C	－	－	－
個人D	－	－	－
個人E	－	－	－
行動者率	20％	20％	40％

○：当該行動をした、－：当該行動をしなかった

一方、Aだけが30分間継続して活動し、残りの4人は活動しなかった場合を考えると、次のとおり、15分単位でも30分単位でも、行動者率は20％となる。

	18:00～18:15	18:15～18:30	18:00～18:30
個人A	○	○	○
個人B	—	—	—
個人C	—	—	—
個人D	—	—	—
個人E	—	—	—
行動者率	20%	20%	20%

時間帯の幅（単位時間）を15分、30分、1時間、2時間、3時間、4時間、6時間、8時間、12時間、24時間の10通りに設定を変えて、匿名データから時間帯別行動者率を集計した結果の一部を図4に示す。

図4　趣味・娯楽の時間帯別行動者率（有業者（主に仕事）・25～59歳・金曜日）

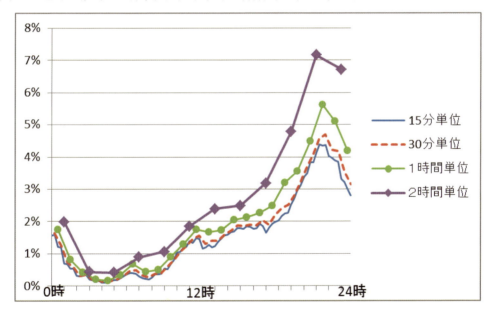

単位時間	時刻(24時間表記)											
	0時～	2時	4時	6時	8時	10時	12時	14時	16時	18時	20時	22時
2時間	2.0%	0.4%	0.4%	0.9%	1.1%	1.9%	2.4%	2.5%	3.2%	4.8%	7.2%	6.7%
3時間	2.1%		0.5%		1.2%		2.0%		3.0%	3.7%	6.4%	8.9%
4時間	2.1%		1.1%			2.1%		3.4%		6.2%		10.4%
6時間	2.4%				2.8%				4.8%		11.9%	
8時間	3.1%					4.0%				13.1%		
12時間	4.8%							14.4%				
24時間	16.2%											

図4上は単位時間を15分、30分、1時間、2時間とした場合のそれぞれについて、趣味・娯楽の時間帯別行動者率（有業者（主に仕事）、25～59歳、金曜日）を示す。単位時間を30分、1時間、2時間と長くしても、単位時間15分の場合と同じ傾向がほぼ保たれていることが分かる。同様に、2時間から24時間の各単位時間を用いた場合の行動者率の一覧を図4下に示す。例えば、18時以降をまとめた時間帯の行動者率は11.9％であり、1日の行動者率16.2％と比較して、行動者の約4分の3はこの時間帯に活動していたことが分かる。

　単位時間が長くなると行動者率の詳細な動きは見えなくなるが、逆に、属性別の特徴を要約できる利点もある。例えば、有業者（主に仕事）の土曜日の6時間単位時間帯別行動者率を表2に示す。年齢階級別にみると、60歳以上は6～12時の時間帯から急に行動者率が高くなり、18時以降の時間帯は行動者率が急激に下がっている。これに対して、15～24歳では金曜夜からの継続と思われる0～6時の行動者率が比較的高いが、午前中はあまり行動者率が上がらず、午後から高くなり、夜遅くの方が多く活動している傾向が明確にみられる。

表2　趣味・娯楽の年齢階級、時間帯（6時間単位）別行動者率（有業者（主に仕事）・土曜日）

	0～6時	6～12時	12～18時	18～24時
年齢　計	3.1%	9.7%	17.3%	15.4%
15～24歳	5.8%	6.6%	16.2%	20.8%
25～59歳	3.1%	9.9%	17.7%	16.0%
60歳以上	1.1%	10.7%	15.6%	8.6%

　ところで、図4からは、15分単位の時間帯別行動者率と30分単位の時間帯別行動者率はほぼ重なり、1時間単位でも乖離は小さいことが分かる。前述の説明から、15分ごとに行動者が入れ替わるというよりも、30分～1時間程度継続して活動する人が多いことが考えられる。そこで、次に、趣味・娯楽活動の継続時間と、1日の中での行動回数を調べる。行動回数は、午前0時から15分単位の時間帯に沿って、趣味・娯楽行動が連続している間を1回と数え、さらに、連続している時間帯の長さを継続時間とした。なお、匿名化措置としてデータのリサンプリングが適用されているため、行動者数の集計に当たっては、匿名データに付与されている人口乗率をリサンプリング率の0.8で割り戻して使用した。匿名データを使って集計した結果の一部を表3、図5に示す。

参考-39

表3　年齢階級，趣味・娯楽の行動回数別行動者数（有業者（主に仕事）・金曜日）

（単位：千人）

	15歳以上人口	趣味・娯楽活動の行動回数								
		0	1	2	3	4	5	6	7	8
年齢　計	54,351	45,158	6,886	1,710	465	97	26	6	2	2
15～24歳	5,146	3,908	955	225	41	12	5	-	-	-
25～59歳	42,003	35,196	5,091	1,252	364	70	20	6	2	2
60歳以上	7,202	6,054	840	232	60	15	1	-	-	-

図5－1　年齢階級別趣味・娯楽の行動回数構成比（有業者（主に仕事）・金曜日）

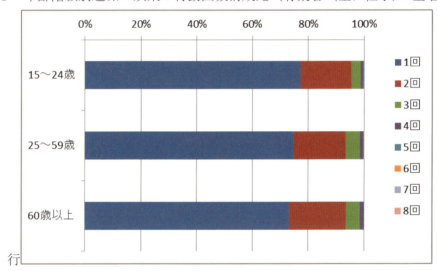

図5－2　年齢階級別趣味・娯楽の継続時間構成比（有業者（主に仕事）・金曜日）

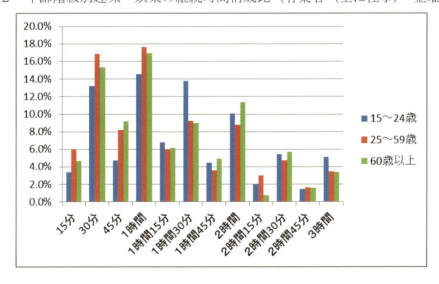

有業者（主に仕事）の金曜日を例にとると、趣味・娯楽活動を行った人（行動回数 0 を除く）の 4 分の 3 は、1 日に 1 回のみ活動を行っていることが分かる。1 回当たりの継続時間は、予想したとおり、1 時間、30 分、1 時間 30 分の順に多く、平均では 1 時間 43 分となっている。

　同様に、無業者の金曜日について集計すると、趣味・娯楽活動を行った人について、1 日の行動回数は 1 回の場合が約 6 割を占めている（表 4）。1 回当たりの継続時間は、1 時間が最も多く、次いで 30 分と 1 時間 30 分が同程度である。平均は 1 時間 40 分となっている。つまり、時間帯別行動者率には正午を挟んで 2 つの山がみられたが（図 3）、午前に活動する人と午後に活動する人は別々であることが示唆される。

表 4　年齢階級，趣味・娯楽の行動回数別行動者数（無業者・金曜日）

（単位：千人）

	15歳以上人口	趣味・娯楽活動の行動回数								
		0	1	2	3	4	5	6	7	8
年齢 計	36,629	24,988	6,824	3,365	981	344	80	39	5	3
15～24歳	7,715	5,277	1,426	651	240	93	6	19	2	-
25～59歳	10,968	7,513	2,037	943	317	103	44	11	-	-
60歳以上	17,946	12,198	3,362	1,771	424	147	30	9	3	3

（3）まとめ

　公表されている行動者率、平均時間等に加えて、行動回数や継続時間をみることで、ふだんの就業状態や年齢による違いを別の観点から把握することができた。

【分析結果のポイント】

　趣味・娯楽の活動は、時間帯別行動者率が全体的に低いが、時間帯の幅を長くすることで特徴を要約できる。

　また、活動は 1 日に 1 回の場合が多いが、複数回の場合もある。1 回当たり継続時間は 1 時間前後が多い。

4．補足

　趣味・娯楽以外の行動についても行動回数・継続時間を集計して概観したところ、年齢階級、ふだんの就業状態、曜日による違いが顕著なものがあった。具体的には、次ページの食事の回数（図 6）、家事・育児の行動者平均時間と回数の関係（図 7）が挙げられる。一方、長時間にわたる行動（睡眠、仕事等）については、回数は意味がない。

図6　食事の回数の分析例

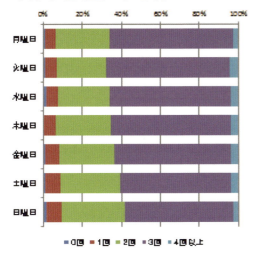
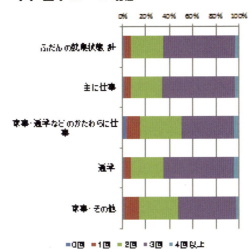

図7　家事・育児の行動者平均時間と回数の分析例

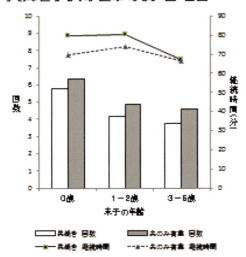

家事・育児の行動者平均時間（分）
夫婦と子供の世帯の妻　日曜日

末子の年齢	共働き	夫のみ有業
0歳	462	442
1～2歳	334	361
3～5歳	254	308

行動者平均時間
＝行動者平均回数×平均継続時間

参考-42

分析事例（5） 趣味・娯楽への生活時間配分の分析（その2）[5]

1．分析テーマ

趣味・娯楽の種類と行動時間の関連を分析する。

2．背景

生活時間編では、趣味・娯楽の種類は分からないが、生活行動編では、趣味・娯楽の約20種類について、年間活動頻度を調べている。趣味・娯楽の種類によって、行動時間の長さが異なると予想されるため、匿名データによる分析を試みる。

3．手順
（1）匿名データの集計
　調査票Aの生活時間の行動の種類は、プリコード方式によって「睡眠」、「食事」、「仕事」など20分類となっている。趣味・娯楽は1つにまとまっていて、内容の詳細は調べられていない。（調査票Bは自由記入のアフターコード方式であるため、詳細をみることができる。平成26年度の統計委員会における審議に基づき、平成13年及び18年の調査票B匿名データの提供が開始される予定である。）
　他方、過去1年間の生活行動に関しては、趣味・娯楽を「読書」、「テレビゲーム」など20種類に区分し、それぞれの行動の有無や1年間の行動日数を調べている。年間行動日数を通年の平均的な活動の頻度と考えると、頻度の高いものについては、生活時間を記入する2日間において、その活動が出現する可能性が高くなると考えられる。そこで、過去1年間の状況と2日間の状況をクロス集計して、趣味・娯楽の種類別に行動時間の傾向を探る。
　匿名データに収録された項目は表1のとおりである。

---

[5] 本節の内容は、別途記載がない限り、統計法に基づいて、独立行政法人統計センターから「社会生活基本調査」（総務省）の匿名データの提供を受け、独自に作成・加工した統計であり、総務省が作成・公表している統計等とは異なる。

表1　匿名データの項目名（抜粋）

項目番号	生活時間編		生活行動編	
	変数名	項目名	変数名	項目名
1	V0001	政府統計コード	V0001	政府統計コード
2	V0002	管理コード	V0002	管理コード
3	V0003	調査西暦年	V0003	調査西暦年
4	V0004	データの種類	V0004	データの種類
5	V0005	レコード一連番号	V0005	レコード一連番号
6	V0006	世帯一連番号	V0006	世帯一連番号
7	V0007	世帯員番号	V0007	世帯員番号
(省略)				
73	V0073	世帯員情報（時間）_指定日_記入状況1日目か2日目か	V0073	インターネットの利用について(1)_利用の形態
74	V0074	世帯員情報（時間）_指定日_日にち	V0074	インターネットの利用について(1)_1年間にしたか
75	V0075	世帯員情報（時間）_指定日_いずれの日か_旅行（1泊2日以上）	V0075	インターネットの利用について(1)_頻度
76	V0076	世帯員情報（時間）_指定日_いずれの日か_行楽（半日以上の日帰り）	V0076	インターネットの利用について(1)_場所_自宅
77	V0077	世帯員情報（時間）_指定日_いずれの日か_行事または冠婚葬祭（半日以上の参加）	V0077	インターネットの利用について(1)_場所_学校・職場
78	V0078	世帯員情報（時間）_指定日_いずれの日か_出張・研修など	V0078	インターネットの利用について(1)_場所_その他
79	V0079	世帯員情報（時間）_指定日_いずれの日か_療養	V0079	インターネットの利用について(1)_目的_仕事
80	V0080	世帯員情報（時間）_指定日_いずれの日か_休みの日（休暇・休日など）	V0080	インターネットの利用について(1)_目的_学業・学習・研究
81	V0081	世帯員情報（時間）_指定日_いずれの日か_その他	V0081	インターネットの利用について(1)_目的_家事・育児・介護
82	V0082	世帯員情報（時間）_指定日_天気	V0082	インターネットの利用について(1)_目的_趣味・娯楽
(省略)				

出典：独立行政法人統計センター

匿名データは、生活行動編データと生活時間編データが別々のファイルで提供されるが、世帯一連番号（V0006）と世帯員番号（V0007）は共通である。したがって、これらの番号によって同一人のレコードを直接照合して結合することができる。ただし、生活時間編は１日当たり１レコードであるため、１人につき２レコード存在することに注意する。

結合したデータを用いて、趣味・娯楽の種類別年間行動日数の多寡と、行動時間をクロス集計した結果の一部を表２に示す。なお、年間行動日数の多寡は、週２日に相当する年100日を基準にした２区分とし、趣味・娯楽の種類は、（過去１年間の）行動者率の高い「楽器の演奏」、「園芸・庭いじり・ガーデニング」、「趣味としての読書」、「パチンコ」、「テレビゲーム（家庭で行うもの　携帯用を含む）」の５種類に絞っている。

表２　趣味・娯楽の種類、行動日数の多寡、行動時間別行動者・非行動者（延べ数）構成比（有業者（主に仕事））

生活行動編における行動日数の多寡	生活時間編における趣味・娯楽の行動時間							
	しなかった	1時間以下	1～2時間以下	2～3時間以下	3～4時間以下	4～5時間以下	5～6時間以下	6時間超
趣味・娯楽　計	62.6%	5.5%	7.2%	5.7%	4.3%	3.5%	2.5%	8.7%
楽器の演奏								
年100日未満、不詳	63.1%	5.5%	7.2%	5.6%	4.2%	3.4%	2.5%	8.5%
年100日以上	35.0%	8.3%	11.1%	8.8%	7.3%	6.6%	5.1%	17.8%
園芸・庭いじり・ガーデニング								
年100日未満、不詳	63.0%	5.4%	7.1%	5.6%	4.2%	3.5%	2.5%	8.6%
年100日以上	50.3%	8.4%	9.5%	7.7%	6.0%	4.7%	3.8%	9.7%
趣味としての読書								
年100日未満、不詳	64.8%	5.2%	6.8%	5.5%	4.1%	3.2%	2.3%	8.2%
年100日以上	49.1%	7.8%	9.9%	7.1%	5.5%	5.0%	4.0%	11.6%
パチンコ								
年100日未満、不詳	63.4%	5.6%	7.2%	5.7%	4.2%	3.4%	2.4%	8.1%
年100日以上	35.7%	3.9%	8.1%	6.4%	7.0%	6.2%	4.6%	28.0%
テレビゲーム（家庭で行うもの　携帯用を含む）								
年100日未満、不詳	64.2%	5.5%	7.1%	5.5%	4.2%	3.3%	2.4%	7.9%
年100日以上	42.3%	5.6%	8.6%	8.2%	5.7%	5.9%	4.5%	19.3%

表２から、まず、年間行動の多寡と生活時間調査日の趣味・娯楽活動の有無が比較的整合していることが分かる。次に、例えば「パチンコ」に着目すると、「パチンコ」の年間行動日数100日以上の人は、生活時間調査日における趣味・娯楽活動の行動時間が長い傾向が顕著であることが分かる。

ここで「パチンコ」の行動日数が多い人を詳しくみると、他の種類の趣味・娯楽の年間行動日数は全体的に少なく、趣味・娯楽の範疇では「パチンコ」のみを頻繁に行っていることが示唆される。したがって、生活時間編における趣味・娯楽活動は、種類が「パ

チンコ」である可能性が高く、また、その活動が長時間になる傾向を示していると考えられる。

（3）まとめ
　1日の生活時間に関する事項と1年間の生活行動に関する事項をクロス集計することによって、趣味・娯楽の種類と生活時間配分の関連性をみることができた。しかし、曜日、その日の天気、仕事が休みかどうか等の条件を分けて分析することによって、関連性を詳細にみていく必要があるだろう。

【分析結果のポイント】
　年間行動の多寡と生活時間調査日の趣味・娯楽活動の有無が比較的整合している。一部の趣味・娯楽では、年間行動日数が多い場合に生活時間調査日における趣味・娯楽活動の行動時間が長い傾向が顕著である。

Sinfonica 研究叢書
公的統計のミクロデータ利用ガイド
—社会生活基本調査の匿名データを用いた分析を例として—

平成 27 年 3 月 31 日　発行

定価　本体 2,200 円　＋　消費税

編　集・発　行　公益財団法人　統計情報研究開発センター
　　　　　　　　　　　　　　　　（略称：Sinfonica）
〒101-0051　東京都千代田区神田神保町 3-6　能楽書林ビル 5 階
　　　　　　TEL(03)3234-7471　FAX(03)3234-7472
印　刷　株式会社共栄印刷社

NO. 23

ISBN978-4-925079-73-0　C3333　￥2200E

Sinfonica

ISBN978-4-925079-73-0 C3333 ¥2200E